William Shakespeare

Roméo et Juliette

Culturea

TRAGÉDIE

NOTICE SUR ROMÉO ET JULIETTE

Deux grandes familles de Vérone, les Montecchi et les Capelletti (les *Montaigu* et les *Capulet*), vivaient depuis longtemps dans une inimitié qui avait souvent donné lieu, dans les rues, à des combats sanglants. Alberto della Scala, second capitaine perpétuel de Vérone, avait inutilement travaillé à les réconcilier; mais du moins était-il parvenu à les contenir de telle sorte que lorsqu'ils se rencontraient, dit l'historien de Vérone, Girolamo della Corte, «les plus jeunes cédaient le pas aux plus âgés, ils se saluaient et se rendaient le salut.»

En 1303, sous Bartolommeo della Scala, élu capitaine perpétuel après la mort de son père Alberto, Antonio Cappelletto, chef de sa faction, donna, dans le carnaval, une grande fête, à laquelle il invita une partie de la noblesse de Vérone. Roméo Montecchio, âgé de vingt à vingt et un ans, et l'un des plus beaux et des plus aimables jeunes gens de la ville; s'y rendit masqué avec quelques-uns de ses amis. Au bout de quelque temps, ayant ôté son masque, il s'assit dans un coin d'où il pouvait voir et être vu. On s'étonna beaucoup de la hardiesse avec laquelle il venait ainsi au milieu de ses ennemis. Cependant, comme il était jeune et de manières agréables, ceux-ci, dit l'historien, «n'y firent pas autant d'attention qu'ils en auraient fait peut-être s'il eût été plus âgé.» Ses yeux et ceux de Juliette Cappelletto se rencontrèrent bientôt, et, frappés également d'admiration, ils ne cessèrent plus de se regarder. La fête s'étant terminée par une danse appelée chez nous, dit Girolamo, «la danse du chapeau» (*dal cappello*), une dame vint prendre Roméo, qui, se trouvant ainsi introduit dans la danse, après avoir fait quelques tours avec sa danseuse, la quitta pour aller prendre Juliette, qui dansait avec un autre. Aussitôt qu'elle l'eût senti lui toucher la main, elle lui dit: «Bénie soit votre venue !» Et lui, lui serrant la main, répondit: «Quelles bénédictions en recevez-vous, madame ?» Et elle reprit en souriant: «Ne vous étonnez pas, seigneur, si je bénis votre venue; M. Mercutio était là depuis longtemps à me glacer, et par votre politesse vous êtes venu me réchauffer.» (Ce jeune homme, qui s'appelait Mercutio, dit le louche, et que l'agrément de son esprit faisait aimer de tout le monde, avait toujours eu les mains plus froides que la glace.) A ces mots, Roméo répondit: «Je suis grandement heureux de vous rendre service en quoi que ce soit.» Comme la danse finissait, Juliette ne put dire que ces mots: «Hélas ! je suis plus à vous qu'à moi-même.»

Roméo s'étant rendu plusieurs fois dans une petite rue, sur laquelle donnaient les fenêtres de Juliette, un soir elle le reconnut à «son éternuement ou à quelque autre signe,» et elle ouvrit la fenêtre. Ils se saluèrent «très-poliment (*cortesissimamente*),» et, après s'être longtemps entretenus de leurs amours, ils convinrent qu'il fallait qu'ils se mariassent, quoi qu'il en pût arriver; et que cela devait se faire par l'entremise du frère Lonardo, franciscain, «théologien, grand philosophe, distillateur admirable, savant dans l'art de la magie,» et confesseur de presque toute la ville. Roméo l'alla trouver, et le frère, songeant au crédit qu'il acquerrait, non-seulement auprès du capitaine perpétuel, mais dans toute la ville, s'il parvenait à réconcilier les deux familles, se prêta aux désirs des deux jeunes gens. A l'époque de la Quadragésime, où la confession était d'obligation, Juliette se rendit avec sa mère dans l'église de Saint-François, dans la citadelle, et étant entrée la première dans le confessionnal, de l'autre côté duquel se trouvait Roméo, également venu à l'église avec son père, ils reçurent la bénédiction nuptiale par la fenêtre du confessionnal, que le frère avait eu soin d'ouvrir; puis, par les soins d'une très adroite vieille de la maison de Juliette, ils passèrent la nuit ensemble dans son jardin.

Cependant, après les fêtes de Pâques, une troupe nombreuse de Capelletti rencontra, à peu de distance des portes de Vérone, quelques Montecchi, et les attaqua, animée par Tébaldo, cousin germain de Juliette, qui, voyant que Roméo faisait tous ses efforts pour arrêter le combat, s'attacha à lui, et, le forçant à se défendre, en reçut un coup d'épée dans la gorge, dont il tomba mort sur-le-champ. Roméo fut banni, et, peu de temps après, Juliette, près de se voir contrainte d'en épouser un autre, eut recours au frère Lonardo, qui lui donna à avaler une poudre au moyen de laquelle elle devait passer pour morte, et être portée dans la sépulture de sa famille, qui se trouvait placée dans l'église du couvent de Lonardo. Celui-ci devait venir l'en retirer et la faire passer ensuite, déguisée, à Mantoue, où était Roméo, qu'il se chargeait d'instruire de tout.

Les choses se passèrent comme l'avait annoncé Lonardo;

mais Roméo ayant appris indirectement la mort de Juliette avant d'avoir reçu la lettre du religieux, partit sur-le-champ pour Vérone avec un seul domestique, et, muni d'un poison violent, se rendit au tombeau, qu'il ouvrit, baigna de larmes le corps de Juliette, avala le poison et mourut. Juliette, réveillée l'instant d'après, voyant Roméo mort et ayant appris du religieux, qui venait d'arriver, ce qui s'était passé, fut saisie d'une douleur si forte que, «sans pouvoir dire une parole, elle demeura morte sur le sein de son Roméo[1].»

[Note 1: Voyez *Istorie di Verona del sig. Girolamo della Corte*, etc., t. Ier, p. 589 et suiv. Édit. de 1594.]

Cette histoire est racontée comme véritable par Girolamo della Corte; il assure avoir vu plusieurs fois le tombeau de Juliette et de Roméo, qui, s'élevant un peu au-dessus de terre et placé près d'un puits, servait alors de lavoir à la maison des orphelins de Saint-François, que l'on bâtissait en cet endroit. Il rapporte en même temps que le cavalier Gerardo Boldiero, son oncle, qui l'avait mené à ce tombeau, lui avait montré dans un coin du mur, près du couvent des Capucins, l'endroit d'où il avait entendu dire qu'un grand nombre d'années auparavant on avait retiré les restes de Juliette et de Roméo, ainsi que de plusieurs autres. Le capitaine Bréval, dans ses voyages, dit également avoir vu à Vérone, en 1762, un vieux bâtiment qui était alors une maison d'orphelins, et qui, selon son guide, avait renfermé le tombeau de Roméo et de Juliette; mais il n'existait plus.

Ce n'est probablement pas sur le récit de Girolamo della

Corte que Shakspeare a composé sa tragédie; elle fut d'abord représentée, à ce qu'il paraît, en 1595, chez lord Hundsdon, lord chambellan de la reine Élisabeth, et imprimée pour la première fois en 1597. Or, l'ouvrage de Girolamo della Corte, qui devait avoir vingt-deux livres, se trouve interrompu au milieu du vingtième livre et à l'année 1560 par la maladie de l'auteur. On voit de plus, dans la préface de l'éditeur, que cette maladie fut longue et amena la mort de l'historien, que la nécessité de revoir le travail auquel Girolamo n'avait pu mettre lui-même la dernière main prit un temps considérable, et enfin que les procès, tant «civils que criminels,» dont fut tourmenté l'éditeur, ne lui permirent pas de mener à fin son entreprise aussi promptement qu'il l'aurait désiré; en sorte que l'ouvrage de Girolamo ne put être publié que longtemps après sa mort: l'édition de 1594 est donc, selon toute apparence, la première, et ne pouvait guère, en 1595, être déjà venue à la connaissance de Shakspeare.

Mais l'histoire de Roméo et de Juliette, sans doute très-populaire à Vérone, avait déjà fait le sujet d'une nouvelle, composée par Luigi da Porto, et publiée à Venise en 1535, six ans après la mort de l'auteur, sous le titre de la *Giulietta*. Cette nouvelle, réimprimée, traduite, imitée dans plusieurs langues, fournit à Arthur Brooke le sujet d'un poëme anglais, publié en 1562[2], et où Shakspeare a certainement puisé le sujet de sa tragédie. L'imitation est complète. Juliette, dans le poëme de Brooke ainsi que dans la nouvelle de Luigi da Porto, se tue avec le poignard de Roméo, au lieu de mourir de douleur comme dans l'histoire de Girolamo della Corte; mais ce qu'il y a de singulier, c'est que le poëme d'Arthur Brooke, et

Shakspeare qui l'a suivi, fassent mourir Roméo comme dans l'histoire, avant le réveil de Juliette, tandis que, dans la nouvelle de Luigi da Porto, il ne meurt qu'après l'avoir vue se réveiller et avoir eu avec elle une scène de douleur et d'adieux. On a reproché à Shakspeare de ne s'être pas conformé à cette circonstance qui lui fournissait une situation très-pathétique, et on en a conclu qu'il ne connaissait pas la nouvelle italienne, bien que traduite en anglais. Cependant quelques circonstances donnent lieu de croire que Shakspeare connaissait cette traduction. Quant à ses motifs pour préférer le récit du poëte à celui du romancier, il peut en avoir eu plusieurs: d'abord, pour s'être écarté en un point si important de la nouvelle de Luigi da Porto, qu'il a suivie scrupuleusement sur presque tous les autres, peut-être Arthur Brooke, l'auteur même du poëme, avait-il eu quelques renseignements sur l'histoire véritable, telle que l'avait racontée Girolamo della Corte, contemporain de Shakspeare; il aura pu les lui communiquer, et l'exactitude de Shakspeare à se rapprocher, autant qu'il le pouvait, de l'histoire ou des récits reçus comme tels, ne lui aura pas permis d'hésiter dans le choix. D'ailleurs, et c'est probablement ici la vraie raison du poëte, Shakspeare ne fait presque jamais précéder une résolution forte par de longs discours: «Les discours, dit Macbeth, jettent un souffle trop froid sur l'action.» Quelques angoisses que la réflexion ajoute à la douleur, elle porte l'esprit sur un trop grand nombre d'objets pour ne pas le distraire de l'idée unique qui conduit aux actions désespérées. Après avoir reçu les adieux de Roméo, après avoir pleuré sa mort avec lui, il eût pu arriver que Juliette la pleurât toute sa vie au lieu de se tuer à l'instant. Garrick a refait cette scène du tombeau d'après la supposition adoptée par la nouvelle de Luigi da Porto; la scène est touchante, mais, comme cela était peut-être inévitable dans une situation pareille, impossible à rendre par des paroles; les sentiments en sont trop et trop peu agités, le désespoir trop et trop peu violent. Il y a dans le laconisme de la Juliette et du Roméo de Shakspeare, à ces derniers moments, bien plus de passion et de vérité.

[Note 2: Sous le titre de: _l'Histoire tragique de Roméo et Juliette, contenant un exemple rare de vraie fidélité, avec les subtiles inventions et pratiques d'un vieux moine, et leur fâcheuse issue._ Ce poëme a été réimprimé à la suite de *Roméo et Juliette*, dans les grandes éditions de Shakspeare, entre autres dans celle de Malone.]

Ce laconisme est d'autant plus remarquable que, dans tout le cours de la pièce, Shakspeare s'est livré sans contrainte à cette abondance de réflexions et de paroles qui est l'un des caractères de son génie. Nulle part le contraste n'est plus frappant entre le fond des sentiments que peint le poëte et la forme sous laquelle il les exprime. Shakspeare excelle à voir les sentiments humains tels qu'ils se présentent, tels qu'ils sont réellement dans la nature, sans préméditation, sans travail de l'homme sur lui-même, naïfs et impétueux, mêlés de bien et de mal, d'instincts vulgaires et d'élans sublimes, comme l'est l'âme humaine dans son état primitif et spontané. Quoi de plus vrai que l'amour de Roméo et de Juliette, cet amour si jeune, si vif, si irréfléchi, plein à la fois de passion physique et de tendresse morale, abandonné sans mesure et pourtant sans grossièreté, parce que les délicatesses du coeur s'unissent partout à l'emportement des sens ! Il n'y a rien là de subtil, ni de factice, ni de spirituellement arrangé par le poëte; ce n'est ni l'amour pur des imaginations pieusement exaltées, ni l'amour licencieux des vies blasées et perverties; c'est l'amour lui-même, l'amour tout entier, involontaire, souverain, sans contrainte et sans corruption, tel qu'il éclate à l'entrée de la jeunesse, dans le coeur de l'homme, à la fois simple et divers, comme Dieu l'a fait. *Roméo et Juliette* est vraiment la tragédie de l'amour, comme *Othello* celle de la jalousie, et *Macbeth* celle de l'ambition. Chacun des grands drames de Shakspeare est dédié à l'un des grands sentiments de l'humanité; et le sentiment qui remplit le drame est bien réellement celui qui remplit et possède l'âme humaine quand elle s'y livre; Shakspeare n'y retranche, n'y ajoute et n'y change rien; il le représente simplement, hardiment, dans son énergique et complète vérité.

Passez maintenant du fond à la forme et du sentiment même au langage que lui prête le poëte; quel contraste ! Autant le sentiment est vrai et profondément connu et compris, autant l'expression en est souvent factice, chargée de développements et d'ornements où se complaît l'esprit du poëte, mais qui ne se placent point naturellement dans la bouche du personnage. *Roméo et Juliette* est peut-être même, entre les grandes pièces de Shakspeare, celle où ce défaut abonde le plus. On dirait que Shakspeare a voulu imiter ce luxe de paroles, cette facilité verbeuse qui, dans la littérature comme dans la vie, caractérisent en général les peuples du midi; il avait certainement lu, du moins dans les traductions, quelques poëtes italiens; et les innombrables subtilités dont le langage de tous les personnages de *Roméo et Juliette* est, pour ainsi dire, tissu, les continuelles comparaisons avec le soleil, les fleurs et les étoiles, quoique souvent brillantes et gracieuses, sont évidemment une imitation du style des sonnets et une dette payée à la couleur locale. C'est peut-être parce que les sonnets italiens sont presque toujours sur le ton plaintif que la recherche et l'exagération de langage se font particulièrement sentir dans les plaintes des deux amants; l'expression de leur court bonheur est, surtout dans la bouche de Juliette, d'une simplicité ravissante; et quand ils arrivent au terme extrême de leur destinée, quand le poëte entre dans la dernière scène de cette douloureuse tragédie, alors il renonce à toutes ses velléités d'imitation, à toutes ses réflexions spirituellement savantes; ses personnages, à qui, dit Johnson, «il a toujours laissé un *concetti* dans leur misère,» n'en retrouvent plus dès que la misère a frappé ses grands coups; l'imagination cesse de se jouer; la passion elle-même ne se montre plus qu'en s'unissant à des sentiments solides, graves, presque sévères; et cette amante si avide des joies de l'amour, Juliette, menacée dans sa fidélité conjugale, ne songe plus qu'à remplir ses devoirs et à conserver sans tache l'épouse de son cher Roméo. Admirable trait de sens moral et de bon sens dans le génie adonné à peindre la passion !

Du reste, Shakspeare se trompait lorsqu'en prodiguant les réflexions, les images et les paroles, il croyait imiter l'Italie et ses poëtes. Il n'imitait pas du moins les maîtres de la poésie italienne, ses pareils, les seuls qui méritassent ses regards. Entre eux et lui, la différence est immense et singulière: c'est par l'intelligence des sentiments naturels que Shakspeare excelle; il les peint aussi vrais et aussi simples, au fond, qu'il leur prête d'affectation et quelquefois de bizarrerie dans le langage; c'est au contraire dans les sentiments mêmes que les grands poëtes italiens du XIVe siècle, Pétrarque surtout, introduisent souvent autant de recherche et de subtilité que d'élévation et de grâce; ils altèrent et transforment, selon leurs croyances, religieuses et morales, ou même selon leurs goûts littéraires, ces instincts et ces passions du coeur humain auxquels Shakspeare laisse leur physionomie et leur liberté natives. Quoi de moins semblable que l'amour de Pétrarque pour Laure et celui de Juliette pour Roméo ? En revanche, l'expression, dans Pétrarque, est presque toujours aussi naturelle que le sentiment est raffiné; et tandis que Shakspeare présente, sous une forme étrange et affectée, des émotions parfaitement simples et vraies, Pétrarque prête à des émotions mystiques, ou du moins singulières et très-contenues, tout le charme d'une forme simple et pure.

Je veux citer un seul exemple de cette différence entre les deux poëtes, mais un exemple bien frappant, car c'est sur la même situation, le même sentiment, presque sur la même image que, dans cette occasion, ils se sont exercés l'un et l'autre.

Laure est morte. Pétrarque veut peindre, à son entrée dans le sommeil de la mort, celle qu'il a peinte, si souvent et avec tant de passion charmante, dans l'éclat de la vie et de la jeunesse:

Non come fiamma che per forza è spenta, Ma che per se

medesma si consume, Sen' andò in pace l'anima contenta, A guisa d'un soave e chiaro lume, Cui nutrimento a poco a poco manca, Tenendo al fin il suo usato costume. Pallida nò, ma più che neve bianca Che senza vento in un bel colle fiocchi, Parea posar come persona stanca. Quasi un dolce dormir ne' suoi begli occhi, Sendo lo spirto già da lei diviso, Era quel che morir chiaman gli schiocchi. Morte bella parea nel suo bel viso[3].

[Note 3: *Rime di Petrarca, Trionfo della morte*, c. I.]

«Comme un flambeau qui n'est pas éteint violemment, mais qui se consume de lui-même, son âme sereine s'en alla en paix, semblable à une lumière claire et douce à qui l'aliment manque peu à peu, et qui garde jusqu'à la fin son apparence accoutumée. Elle n'était point pâle, mais, plus blanche que la neige qui tombe à flocons, sans un souffle de vent, sur une gracieuse colline, elle semblait se reposer, comme une personne fatiguée. L'esprit s'étant déjà séparé d'elle, ses beaux yeux semblaient dormir doucement de ce sommeil que les insensés appellent la mort, et la mort paraissait belle sur son beau visage.»

Juliette aussi est morte. Roméo la contemple dans son tombeau, et lui aussi il la trouve toujours belle:

... O, my love, my wife ! Death, that has suck'd the honey of thy breath, Has had no power yet upon thy beauty; Thou art not conquer'd; beauty's ensign yet Is crimson in thy lips and in thy cheeks; And death's pale flag is not advanced there !

«O mon amour, ma femme ! la mort, qui a sucé le miel de ton haleine, n'a point eu encore de pouvoir sur ta beauté; tu n'es pas sa conquête; la couleur de la beauté, l'incarnat brille encore sur tes lèvres et sur tes joues, et la mort n'a pas planté ici son pâle drapeau !»

Je n'ai garde d'insister sur la comparaison. Qui ne sent combien la forme est plus simple et plus belle dans Pétrarque ? C'est la poésie suave et brillante du Midi à côté de l'imagination forte, rude et heurtée du Nord.

L'amour de Roméo pour Rosalinde est une invention de Luigi da Porto, conservée dans le poëme d'Arthur Brooke. Cette invention jette si peu d'intérêt sur les premiers actes de la pièce, que Shakspeare ne l'a probablement adoptée que pour faire mieux ressortir ce caractère de soudaineté propre aux passions du climat. Le personnage de Mercutio lui a été indiqué par ces vers du poëme anglais:

A courtier that eche where was highly had in price, For he was courteous of his speech, and pleasant of devise. Even as a lyon would among the lambs be bold, Such was among the bashful maydes Mercutio to behold.

«Un courtisan que, quelque part qu'il se trouvât, chacun tenait en très-haute estime, car il était courtois dans ses discours et devisait plaisamment; autant un lion serait hardi au milieu des agneaux, autant Mercutio le paraissait au milieu des jeunes filles timides.»

Tel était sans doute le bel air du temps de Shakspeare, et

c'est comme le type de l'homme aimable et amusant qu'il a peint Mercutio. Cependant, si la hardiesse lui a manqué pour attaquer, comme Molière, les ridicules de la cour, il laisse assez souvent entrevoir que le ton lui en était à charge. Le rôle de Mercutio paraît avoir coûté à son goût et à la justesse de son esprit. Dryden rapporte, comme une tradition de son temps, que Shakspeare disait «qu'il avait été obligé de tuer Mercutio au troisième acte, de peur que Mercutio ne le tuât.» Cependant Mercutio a conservé en Angleterre de zélés partisans; Johnson entre autres, à cette occasion, traite assez durement Dryden pour quelques paroles irrévérentes sur cet aimable Mercutio, dont les «saillies, dit-il, ne sont peut-être pas toujours à sa portée.» L'éloignement de Shakspeare pour le genre d'esprit qu'il a prodigué dans *Roméo* est, du reste, suffisamment prouvé par l'injonction du frère Laurence à Roméo, lorsque celui-ci commence à lui expliquer ses affaires en style de sonnet: «Mon fils, lui dit-il, parle simplement.» Le frère Laurence est l'homme sage de la pièce, et ses discours sont en général aussi simples que de son temps il était permis à un philosophe de l'être.

Le rôle de la nourrice de Juliette offre également peu de ces subtilités que Shakspeare paraît, dans cet ouvrage, avoir réservées aux gens de la haute classe, et quelquefois aux valets qui les imitent. Ce caractère de la nourrice est indiqué dans le poëme d'Arthur Brooke, où il est loin cependant d'avoir la même vérité grossière que dans la pièce de Shakspeare.

Partout où ils échappent aux concetti, les vers de *Roméo*

et Juliette sont peut-être les plus gracieux et les plus brillants qui soient sortis de la plume de Shakspeare; ils sont en grande partie rimés, autre hommage rendu aux habitudes italiennes.

Roméo et Juliette fut jouée pour la première fois, en 1596, par _les serviteurs de lord Hundsdon_, les grands seigneurs ayant joui jusqu'au règne de Jacques Ier d'une liberté illimitée quant à la protection qu'ils accordaient aux acteurs. Un acte du Parlement y apporta alors quelque restriction.

PERSONNAGES

ESCALUS, prince de Vérone. PARIS, jeune seigneur, parent du prince. MONTAIGU, CAPULET, chefs des deux maisons ennemies. UN VIEILLARD, oncle de Capulet. ROMÉO, fils de Montaigu. MERCUTIO, parent du prince et ami de Roméo. BENVOLIO, neveu de Montaigu et ami de Roméo. TYBALT, neveu de la signora Capulet. FRERE LAURENCE, franciscain. FRERE JEAN, religieux du même ordre. BALTHASAR, domestique de Roméo. SAMSON, GREGOIRE, domestique de Capulet. ABRAHAM, domestique de Montaigu. UN APOTHICAIRE. TROIS MUSICIENS. UN VALET. UN PAGE de Pâris. PIERRE. UN OFFICIER. CHOEUR. LA SIGNORA MONTAIGU, femme de Montaigu. LA SIGNORA CAPULET, femme de Capulet. JULIETTE, fille de Capulet. LA NOURRICE de Juliette.

CITOYENS DE VÉRONE, PLUSIEURS HOMMES ET FEMMES DES DEUX FAMILLES, MASQUES, GARDES, GENS DU GUET ET SERVITEURS.

La scène est pendant presque toute la pièce à Vérone.

Au cinquième acte elle est une fois à Mantoue.

PROLOGUE

Dans la belle Vérone, où nous plaçons notre scène,

l'antique haine de deux maisons égales en dignité vient d'éclater par de nouveaux troubles, où le sang des citoyens a souillé les mains des citoyens. De la race funeste de ces deux ennemis a pris naissance, sous des étoiles funestes, un couple d'amants infortunés dont les malheurs et la ruine déplorable enseveliront avec eux les luttes de leurs parents. L'épisode terrible de cet amour marqué de mort, l'obstination de leurs parents dans des fureurs dont la mort de leurs enfants peut seule terminer le cours, vont pendant ces deux heures occuper notre scène. Si vous nous prêtez la faveur d'une oreille attentive, nous travaillerons par nos efforts à perfectionner ce qui pourrait manquer ici.

ACTE PREMIER

SCÈNE I

Une place publique.

Entrent SAMSON *et* GRÉGOIRE, *armés d'épées et de boucliers.*

SAMSON.- Tiens, Grégoire, sur ma parole, on ne nous fera plus avaler de pilules[4].

[Note 4: SAMSON. *Gregory, o'my word, we'll not carry coals.* GREGORY. *No, for then we should be colliers.* SAMSON. *I mean, an we be in choler we'll draw.* GREGORY. *Ay, while you live, draw your neck out, o'the collar.*

Carry coals (porter du charbon) était, du temps de Shakspeare, une expression proverbiale en anglais pour dire *supporter des injures*. Samson, jouant sur les deux sens de cette expression, répond: _Non, car nous serions des charbonniers._ Il a fallu changer cette réplique de Samson pour qu'elle se rapportât à l'expression *avaler des pilules*, la seule qui, en français puisse rendre *carry coals*. On a été de même obligé à quelques légères altérations dans les deux répliques suivantes, dont la plaisanterie porte sur la consonance des mots *choler* (colère) et *collar* (collier, collier de fer). La même liberté, et de plus grandes encore seront souvent indispensables dans le cours de cette pièce, pour donner un sens quelconque à cette suite de jeux de mots, de calembours, de quolibets, dont se compose, durant les deux premiers actes, la conversation de presque tous les personnages, et aussi pour éviter ou adoucir quelques plaisanteries trop grossières. C'est un travail ingrat autant que rebutant de chercher dans la partie burlesque de notre langue de quoi travestir convenablement des bouffonneries où l'esprit ne peut découvrir d'autre mérite que celui qu'elles empruntent de ce grotesque attirail, et où l'on est à chaque instant tenté de demander pardon au lecteur de la peine qu'on prend pour lui transmettre ces puérilités: mais c'est Shakspeare qu'il s'agit de faire connaître, ou du moins le goût de ce temps d'où est sorti Shakspeare.]

GRÉGOIRE.- Non, car elles pourraient bien nous donner la colique.

SAMSON.- Je veux dire que, si on nous fâche, il faudra être francs du collier.

GRÉGOIRE.- Franc pour toute ta vie du collier du bourreau, n'est-ce pas ?

SAMSON.- Je suis prompt à taper quand je me mets en train.

GRÉGOIRE.- Mais tu n'es pas prompt à te mettre en train de taper.

SAMSON.- La vue d'un de ces chiens de Montaigu me remue tout le corps.

GRÉGOIRE.- On se remue pour courir; quand on est brave, on tient ferme: c'est pour cela que, lorsqu'on te remue, tu te sauves.

SAMSON.- Un chien de cette maison me remuera de telle sorte que je tiendrai ferme: je prendrai le côté du mur avec tout homme ou femme des Montaigu.

GRÉGOIRE.- C'est ce qui prouve que tu n'es qu'un faible esclave, car ce sont les plus faibles qu'on met au pied du mur[5].

[Note 5: *The weakest goes to the wall* (le plus faible va contre le mur). Il a fallu changer un peu le sens de la phrase pour qu'elle se prêtât à la suite de la plaisanterie. Samson répond que les femmes étant *the weaker vessels* (les vases les moins solides), expression empruntée à l'Écriture, sont toujours (*thrust to the wall*) jetées contre le mur, au coin du mur.]

SAMSON.- Oui, c'est vrai; et voilà pourquoi les femmes étant des vaisseaux plus fragiles, on les met toujours au pied du mur. Je prendrai le côté du mur sur les serviteurs de la maison de Montaigu; et pour les filles, je les mettrai au pied du mur.

GRÉGOIRE.- La querelle est entre nos maîtres et nous, leurs hommes.

SAMSON.- Cela m'est égal, je veux me montrer tyran. Quand je me serai battu avec les hommes, je serai cruel envers les filles: je leur couperai la tête.

GRÉGOIRE.- La tête des filles ?

SAMSON.- Oui, la tête des filles, ou bien....[6]: arrange cela comme tu voudras.

[Note 6: *Or their maidenheads; take it in what sense thou wilt.*- GREG. *They must take it in sense that feel it.*- SAMS. _Me they shall feel, while I am able to stand._ Le jeu de mots roule sur les têtes des filles (*the heads of the maids*) ou leur virginité (*maidenhead*); il est impossible à rendre en français.]

GRÉGOIRE.- C'est à celles qui le sentiront à s'en arranger.

SAMSON.- Elles me sentiront tant que le courage me

tiendra; et on sait que je suis un gaillard bien en chair.

GRÉGOIRE.- Oui, tu n'es pas poisson: si tu l'étais, tu serais un hareng de deux liards. Allons, tire ta flamberge; en voilà deux de la maison des Montaigu.

(Entrent Abraham et Balthasar.)

SAMSON.- Voilà mon épée hors du fourreau. Cherche-leur querelle, je t'épaulerai.

GRÉGOIRE.- Comment, en tournant les épaules et en te sauvant ?

SAMSON.- Ne crains rien de mon courage.

GRÉGOIRE.- Moi, craindre ton courage ! non, vraiment.

SAMSON.- Mettons la loi de notre côté; laissons-les commencer.

GRÉGOIRE.- Je vais froncer le sourcil en passant devant eux; qu'ils le prennent comme ils voudront.

SAMSON.- C'est-à-dire comme ils l'oseront. Moi, je vais leur mordre mon pouce[7]; s'ils le supportent, ils sont déshonorés.

[Note 7: Mordre son pouce était, du temps de Shakspeare, une des insultes les plus en usage pour commencer une querelle.]

ABRAHAM.- Est-ce à notre intention, monsieur, que vous mordez votre pouce ?

SAMSON.- Je mords mon pouce, monsieur.

ABRAHAM.- Est-ce à notre intention, monsieur, que vous mordez votre pouce ?

SAMSON.- Aurons-nous la loi de notre côté si je réponds oui ?

GRÉGOIRE.- Non pas.

SAMSON.- Non, monsieur, ce n'est pas à votre intention que je mords mon pouce; mais je mords mon pouce, monsieur.

GRÉGOIRE.- Cherchez-vous querelle, monsieur ?

ABRAHAM.- Querelle, monsieur ? Non monsieur.

SAMSON.- Si vous cherchez querelle, monsieur, je suis bon pour vous; je sers un aussi bon maître que vous.

ABRAHAM.- Pas un meilleur.

SAMSON.- Soit, monsieur.

GRÉGOIRE.- Dis meilleur. (*A part, à Samson.*) J'aperçois un des parents de mon maître[8].

[Note 8: Il faut que cette phrase de Grégoire se rapporte à Tybalt, qu'il aperçoit apparemment de loin, car Benvolio est parent des Montaigu.]

(On voit de loin entrer Benvolio.)

SAMSON.- Oui, meilleur, monsieur.

ABRAHAM.- Vous mentez.

SAMSON.- Tirez, si vous êtes des hommes.- Grégoire, n'oublie pas ce coup qui fait tant de bruit.

(Ils se battent.)

BENVOLIO, *accourant l'épée nue pour les séparer.*- Séparez-vous, imbéciles. Remettez vos épées; vous ne savez ce que vous faites. (_Il abaisse leurs épées_)

(Entre Tybalt.)

TYBALT.- Quoi ! tu tires l'épée contre cette lâche canaille ! Tourne-toi, Benvolio; regarde ta mort en face.

BENVOLIO.- Je ne veux que rétablir la paix ici. Remets ton épée, ou sers-t'en pour m'aider à séparer ces hommes.

TYBALT.- Quoi ! l'épée est tirée et tu parles de paix ! Je hais ce mot comme je hais l'enfer, tous les Montaigu et toi. Défends-toi, lâche.

(Ils se battent.)

(Entrent des partisans des deux maisons qui se joignent à la mêlée. Entrent ensuite des citoyens avec de gros bâtons.)

PREMIER CITOYEN.- Prenez vos bâtons, vos piques, vos pertuisanes. Frappons, faisons-les tomber à terre: à bas les Capulet ! à bas les Montaigu !

Entrent le vieux Capulet, en robe de chambre, et la signora Capulet.

CAPULET.- Quel est ce bruit ? Holà ! Donnez-moi mon épée de combat.

LA SIGNORA CAPULET.- Votre béquille, votre béquille ! Que voulez-vous faire d'une épée ?

CAPULET.- Mon épée ! vous dis-je, j'aperçois le vieux Montaigu: il fait briller sa lame en l'air pour me braver.

(Entrent Montaigu et la signora Montaigu.)

MONTAIGU.- C'est toi, traître de Capulet !- Ne me retenez pas, laissez-moi aller.

LA SIGNORA MONTAIGU.- Je ne vous laisserai pas faire un pas pour chercher un ennemi.

(Entrent le prince et sa suite.)

LE PRINCE.- Sujets rebelles, ennemis de la paix, profanateurs de ce fer souillé du sang de vos voisins...- Ne m'écouteront-ils donc pas ?- Holà ! comment ! Hommes ou bêtes que vous êtes, qui ne savez éteindre les flammes de votre rage pernicieuse que dans des flots de sang tirés de vos propres veines; sous peine de la torture, jetez à terre de vos mains sanglantes ces armes forgées par la colère[9], et écoutez la sentence de votre prince irrité.- Déjà par votre fait, vieux Capulet, et vous Montaigu, trois querelles intestines ont, sur une parole en l'air, troublé trois fois la tranquillité de nos rues, et fait quitter aux anciens de Vérone les graves ornements qui leur conviennent, pour manier de vieilles pertuisanes dans de vieilles mains rongées par la paix, afin de réprimer les violences de la haine qui vous ronge. Si jamais vous troublez encore nos rues, vous payerez de votre vie la violation de la paix. Pour cette fois, que tous se retirent, excepté vous, Capulet, qui me suivrez; et vous, Montaigu, rendez-vous cette après-midi à l'antique manoir de Villafranca[10], où nous tenons notre cour publique de justice, pour y apprendre nos intentions ultérieures sur ce qui vient de se passer. Encore une fois, sous peine de mort, que tous se retirent.

[Note 9: *Mis-tempered weapons*, ce qui signifie à la fois armes d'une mauvaise trempe et armes forgées dans une mauvaise intention, forgées à mal.]

[Note 10: *Villafranca*, que Shakspeare appelle *Free town*, était, selon la nouvelle originale, une propriété des Capulet.]

(Sortent le prince, sa suite, Capulet, la signora Capulet, Tybalt, les citoyens et les domestiques.)

LA SIGNORA MONTAIGU.- Qui donc a de nouveau ranimé cette ancienne querelle ? Répondez, mon neveu; y étiez-vous lorsqu'elle a commencé ?

BENVOLIO.- Les domestiques de votre ennemi et les vôtres étaient déjà ici à se battre chaudement quand je suis arrivé: j'ai tiré l'épée pour les séparer. En ce moment est survenu, l'épée à la main, le bouillant Tybalt, qui, tout en me jetant des défis aux oreilles, s'est mis à faire le moulinet au-dessus de sa tête, et à pourfendre les vents, qui, n'en recevant pas le moindre mal, ont sifflé de mépris. Pendant que nous faisions échange d'estocades et de coups, venaient à tout moment de nouveaux combattants pour l'un et l'autre parti, jusqu'à ce qu'enfin est arrivé le prince, qui les a séparés.

LA SIGNORA MONTAIGU.- Oh ! où est Roméo ? l'avez-vous vu aujourd'hui ? Je suis bien heureuse qu'il ne se soit pas trouvé à cette bagarre.

BENVOLIO.- Ce matin, madame, une heure avant que le divin soleil lançât son premier regard à travers la fenêtre d'or de l'orient, le trouble de mon âme m'a poussé à sortir hors de chez moi; et là, sous le bosquet de sycomores qui s'élève à l'ouest de la ville, aussi matinal que moi dans sa promenade, j'ai vu votre fils. J'ai marché vers lui; mais il m'a aperçu, et s'est glissé dans l'épaisseur du bois. Jugeant de ses sentiments par les miens, qui ne sont jamais plus actifs que dans la solitude, j'ai suivi mon humeur en ne poursuivant pas la sienne, et j'ai évité avec plaisir celui qui me fuyait avec plaisir.

MONTAIGU.- Plus d'une fois avant le jour on l'a vu dans ce lieu augmenter de ses pleurs la fraîche rosée du matin, accroître les nuages des nuages qu'élevaient ses profonds soupirs; mais aussitôt qu'à la dernière extrémité de l'orient le soleil, qui égaye toutes choses, commence à tirer les obscurs rideaux du lit de l'Aurore, mon fils accablé rentre pour se dérober à sa lumière, se retire seul dans sa chambre, ferme les fenêtres, et, interdisant tout accès au doux éclat du jour, se forme ainsi une nuit artificielle. Cette disposition le conduira nécessairement à une mélancolie noire et funeste, si de bons conseils n'en écartent la cause.

BENVOLIO.- Mon noble oncle, en savez-vous la cause ?

MONTAIGU.- Je ne la sais point, et ne puis l'apprendre de lui.

BENVOLIO.- L'avez-vous pressé par quelques moyens ?

MONTAIGU.- Il l'a été par moi-même et par beaucoup d'autres amis; mais, n'écoutant que lui-même sur ses propres sentiments, il se garde, je ne saurais dire quelle fidélité, mais du moins un secret complet et absolu; aussi rebelle à toute tentative pour sonder ce mystère, que le bouton piqué par un ver envieux avant d'avoir pu déployer à l'air ses pétales odorants et livrer ses beautés au soleil. Si nous pouvions seulement savoir d'où provient son chagrin, nous serions aussi empressés de le guérir que de le connaître.

(Roméo paraît dans l'éloignement.)

BENVOLIO.- Tenez, le voilà qui vient. Veuillez vous éloigner; il faudra qu'il me refuse bien obstinément si je ne parviens pas à savoir ce qui l'afflige.

MONTAIGU.- Je désire bien que tu sois assez heureux pour obtenir par ton insistance une sincère confession.- Venez, madame, retirons-nous.

(Sortent Montaigu et la signora Montaigu.)

BENVOLIO.- Bonjour, mon cousin.

ROMÉO.- Le jour est-il donc si jeune encore ?

BENVOLIO.- Neuf heures viennent de sonner.

ROMÉO.- Hélas ! les heures tristes paraissent longues. Était-ce mon père que j'ai vu s'éloigner si vite ?

BENVOLIO.- C'était lui.- Quel est donc le chagrin qui allonge les heures de Roméo ?

ROMÉO.- La privation de ce qui les rendrait courtes si je le possédais.

BENVOLIO.- Amoureux ?

ROMÉO.- Accablé[11].

[Note 11: BENV. *In love ?*

ROM. Out.

BENV. *Of love ?*

ROM. *Out of her...* etc.

Out of love signifie ici par amour. Benvolio, selon l'usage des jeunes gens de cette pièce de ne parler presque jamais sérieusement, veut tourner en plaisanterie la réponse de Roméo, en lui faisant dire qu'il est *amoureux par amour.* Cela ne pouvait se rendre.]

BENVOLIO.- D'amour ?

ROMÉO.- De la rigueur de celle que j'aime.

BENVOLIO.- Hélas ! faut-il que l'Amour, aux regards si doux, soit à l'épreuve si dur et si tyrannique ?

ROMÉO.- Hélas ! faut-il que l'Amour, avec ses yeux toujours couverts d'un bandeau, trouve sans voir des chemins pour faire sa volonté ! Où dînerons-nous ?- O dieux !- Quel était donc ce tumulte ?- Mais, non, ne me le dis pas; j'ai tout entendu.- Il y a bien à faire avec la haine, mais plus encore avec l'amour.- O amour querelleur, ô haine amoureuse, toi qui es tout et nais d'abord de rien, chose légère qui nous accable, vanité sérieuse, chaos difforme des plus séduisantes apparences, plume de plomb, fumée brillante, feu glacé, santé malade, sommeil toujours éveillé qui n'est point le sommeil ! voilà l'amour que je sens, sans y sentir l'amour. Cela ne te fait-il pas rire ?

BENVOLIO.- Non, cousin; bien plutôt pleurer.

ROMÉO.- Tendre coeur, et de quoi ?

BENVOLIO.- De voir ton tendre coeur si oppressé.

ROMÉO.- Eh bien ! telle est l'erreur de l'affection. Mes chagrins demeuraient appesantis dans mon sein; tu les forces à se répandre en les pressant sous le poids du tien, et l'affection que tu me montres ajoute une peine de plus à cet excès de peine que je ressens déjà. L'amour est une fumée qu'élève la vapeur des soupirs: libre de s'échapper, c'est un feu qui éclate dans les yeux des amants; réprimé, une mer que les amants nourrissent de leurs larmes. Qu'est-ce encore autre chose ? une folie raisonnable, une bile amère qui suffoque, un doux parfum qui conserve.- Adieu, mon cousin.

(Il veut sortir.)

BENVOLIO.- Doucement, je veux vous accompagner, et c'est me manquer que de me quitter ainsi.

ROMÉO.- Eh ! je ne me retrouve plus moi-même: je ne suis point ici; ce n'est point Roméo que tu vois, il est quelque part ailleurs.

BENVOLIO.- Dites-le-moi dans votre tristesse; quelle est celle que vous aimez ?

ROMÉO.- Quoi ! faut-il te le dire en gémissant ?

BENVOLIO.- En gémissant ? Non, pas tout à fait; mais dites-le-moi tristement: qui est-ce ?

ROMÉO.- Demandez à un malade de faire avec tristesse son testament ! Oh ! qu'il est mal d'importuner d'un tel mot celui qui est si mal !- Tristement, cousin, j'aime une femme.

BENVOLIO.- J'étais arrivé juste en supposant que vous aimiez.

ROMÉO.- Un bien bon tireur ! Et elle est belle celle que j'aime.

BENVOLIO.- Un beau but, beau cousin, est plus facile à frapper.

ROMÉO.- Eh bien ! à ce coup-ci, vous manquez, on ne pourrait l'atteindre avec l'arc de Cupidon, car elle est animée de l'esprit de Diane, et solidement armée d'une chasteté à l'épreuve; elle vit invulnérable aux faibles coups de l'arc enfantin de l'Amour; elle ne se laissera point assiéger par d'amoureuses négociations, ne supportera pas la rencontre des yeux qui l'assaillent, n'ouvrira point le pan de sa robe à l'or qui séduit même les saints. Oh ! elle est riche en beauté, pauvre seulement en ceci, qu'en mourant son trésor de beauté mourra avec elle.

BENVOLIO.- A-t-elle donc juré de vivre dans la chasteté ?

ROMÉO.- Elle l'a juré; et cette parcimonie produira un immense dégât, car la beauté réduite par sa sévérité à mourir de faim prive de beauté toute postérité. Elle est trop belle, trop sagement belle, pour mériter le bonheur en me mettant au désespoir. Elle a fait un voeu contre l'amour; et sous ce voeu ma vie est une mort à moi qui vis pour te le dire.

BENVOLIO.- Suivez mon conseil, oubliez de penser à elle.

ROMÉO.- Oh ! apprends-moi donc comment je pourrai oublier de penser.

BENVOLIO.- En donnant à tes yeux quelque liberté: considère d'autres beautés.

ROMÉO.- Ce serait le moyen de me faire penser plus souvent à son exquise beauté. Ces masques fortunés, qui caressent le front de nos belles dames, ne font par leur noirceur que nous rappeler la beauté qu'ils cachent. Celui qui est frappé d'aveuglement ne peut oublier le précieux trésor de la vue qu'il a perdu. Montre-moi une maîtresse belle par-dessus toutes les autres, que me sera sa beauté, sinon un livre de souvenirs où je lirai le nom de celle qui surpasse cette beauté incomparable ? Adieu, tu ne peux m'apprendre à oublier.

BENVOLIO.- Tu recevras de moi cette doctrine, ou j'en mourrai ton débiteur.

(Ils sortent.)

SCÈNE II

Une rue.

Entrent CAPULET, PARIS, UN DOMESTIQUE.

CAPULET.- Montaigu est lié par la même défense que moi, et sous des peines semblables; et il ne sera pas difficile, je pense, à deux vieillards comme nous de vivre en paix.

PARIS.- Vous jouissez tous d'une existence honorable, et c'est pitié que vous ayez été si longtemps ennemis. Mais parlez, seigneur, que répondez-vous à ma demande ?

CAPULET.- En répétant ce que je vous ai déjà dit. Mon enfant est encore étrangère dans le monde; elle n'a pas vu s'accomplir la révolution de quatorze années: laissons encore pâlir l'orgueil de deux étés avant de la croire mûre pour être une épouse.

PARIS.- De plus jeunes qu'elles sont devenues d'heureuses mères.

CAPULET.- Mais elles se flétrissent trop tôt, ces mères prématurées.- La terre a englouti toutes mes autres espérances; elle est en espérance la maîtresse de mes terres. Mais faites-lui votre cour, aimable Pâris; gagnez son coeur; ma volonté n'est qu'une dépendance de son consentement: si elle vous agrée, c'est dans les limites de son choix que réside mon aveu, et que ma voix vous sera loyalement accordée.- Ce soir je donne une fête dont j'ai depuis longtemps l'usage; j'y ai invité beaucoup de convives, tous mes amis; et parmi eux, je vous verrai avec très-grande joie, comme un de plus, en augmenter le nombre. Attendez-vous à voir ce soir dans ma pauvre maison des étoiles qui foulent aux pieds la terre, éclipsent la lumière des cieux; cette joie bienfaisante que ressent le jeune homme plein d'ardeur lorsqu'avril, dans toute sa parure, marche sur les talons de l'hiver chancelant, vous l'éprouverez ce soir parmi ces jeunes fleurs de beauté prêtes à s'épanouir; écoutez-les toutes, voyez-les toutes, et préférez celle dont le mérite sera le plus grand. Au milieu du spectacle d'une telle réunion, ma fille, réduite à elle-même, pourra faire nombre, mais non pas attirer l'attention.- Allons, venez avec moi.- (*A un domestique.*) Toi, maraud, trotte dans la belle Vérone; trouve toutes les personnes dont les noms sont écrits ici (*il lui donne un papier*), et dis-leur que la maison et le maître attendent leur bon plaisir.

(Sortent Capulet et Pâris.)

LE DOMESTIQUE.- Trouver ceux dont les noms sont écrits, ici ! Il est écrit que le cordonnier se servira de sa toises et le tailleur de pierres de sa forme; le pêcheur de son pinceau, et le peintre de ses filets. Mais on m'envoie chercher les personnes dont les noms sont inscrits là-dessus, et je ne pourrai jamais trouver les noms que l'écrivain a écrits là-dessus. Il faut que je m'adresse aux savants... dans un moment...

(Entrent Benvolio et Roméo.)

BENVOLIO.- Allons, mon cher, la flamme est un remède à la brûlure qu'a faite une autre flamme; une douleur est diminuée par l'angoisse d'une autre; tournez jusqu'à vous étourdir et vous vous remettez en tournant dans l'autre sens; un chagrin désespéré se guérit par la langueur d'un nouveau chagrin. Laisse entrer dans tes yeux un nouveau poison, et l'ancien venin perdra toute son âcreté.

ROMÉO.- Votre feuille de plantain est excellente pour cela.

BENVOLIO.- Pour quel mal, je t'en prie ?

ROMÉO.- Pour vos os brisés ?

BENVOLIO.- Allons, Roméo, es-tu fou ?

ROMÉO.- Non, pas fou, mais lié plus que ne le serait un fou, tenu en prison, privé d'aliments, fustigé, tourmenté, et..... Bonsoir, mon bon garçon.

LE DOMESTIQUE.- Dieu vous donne le bonsoir.- Je vous en prie, monsieur, savez-vous lire ?

ROMÉO.- Oui, c'est un bonheur que j'ai dans ma misère.

LE DOMESTIQUE.- Peut-être l'avez-vous appris sans livres: mais, je vous prie, pouvez-vous lire tout ce que vous voyez ?

ROMÉO.- Oui, si je connais les caractères et la langue.

LE DOMESTIQUE.- C'est répondre sincèrement; tenez vous en joie.

ROMÉO.- Arrêtez, mon ami, je sais lire. (*Il lit.*) «Le seigneur Martino, sa femme et sa fille; le comte Anselme et ses charmantes soeurs; la dame veuve de Vitruvio; le seigneur Placentio et ses aimables nièces; Mercutio et son frère Valentin; mon oncle Capulet, sa femme et ses filles; ma jolie nièce Rosaline; Livia; le seigneur Valentio et son cousin Tybalt, Lucio et l'agréable Hélène.» C'est une belle assemblée. (*Il lui rend le papier.*) Où doit-elle se réunir ?

LE DOMESTIQUE.- Là-haut.

ROMÉO.- Où, là-haut ?

LE DOMESTIQUE.- A souper, à la maison.

ROMÉO.- A la maison de qui ?

LE DOMESTIQUE.- De mon maître.

ROMÉO.- Au fait, c'est ce que j'aurais dû vous demander d'abord.

LE DOMESTIQUE.- Maintenant je vous dirai, sans que vous me le demandiez, que mon maître est le puissant et riche Capulet; et si vous n'êtes pas de la maison de Montaigu, je vous invite à venir avaler un verre de vin. Tenez-vous en joie.

(Il sort.)

BENVOLIO.- A cette ancienne fête des Capulet soupera Rosaline, celle que tu aimes tant: avec toutes les beautés qu'on admire à Vérone. Viens-y, et d'un oeil sans prévention compare sa figure avec quelques autres que je te montrerai, et ton cygne ne te paraîtra plus qu'une corneille.

ROMÉO.- Quand la religieuse dévotion de mes yeux pourra me soutenir un pareil mensonge, que mes larmes se changent en flammes, et que ces hérétiques diaphanes, si souvent noyés sans pouvoir mourir, soient brûlés comme imposteurs. Une femme plus belle que mon amante ! Le soleil qui voit tout n'a jamais vu son égale depuis le commencement du monde.

BENVOLIO.- Bon, vous l'avez vue belle parce qu'il n'y avait personne autre à côté; elle se balançait elle-même dans vos deux yeux: mais pesez dans ces balances de cristal la dame de vos pensées avec telle autre jeune fille que je vous montrerai brillant à cette fête, et à peine trouverez-vous bien celle qui vous paraît maintenant la plus belle de toutes.

ROMÉO.- J'irai, non pour y voir un semblable objet,

mais pour m'y pénétrer de plaisir dans la splendeur de celui qui m'est cher.

(Ils sortent.)

SCÈNE III

Un appartement de la maison de Capulet.

LA SIGNORA CAPULET, LA NOURRICE de Juliette.

LA SIGNORA CAPULET.- Nourrice, où est ma fille ? Appelle-la, qu'elle vienne.

LA NOURRICE.- Dans l'instant, sur mon honneur[12]..... à l'âge de douze ans- Je lui ai dit de venir.....- Quoi, mon agneau, mon oiseau du bon Dieu..... Dieu nous préserve..... Où est donc cette petite fille ? Juliette !

[Note 12: *By my maidenhead.*]

(Entre Juliette.)

JULIETTE.- Allons, qui m'appelle ?

LA NOURRICE.- Votre mère.

JULIETTE.- Me voici, madame; que voulez-vous ?

LA SIGNORA CAPULET.- Voici de quoi il s'agit.- Nourrice, laisse-nous un moment, nous avons à parler en secret.- Non, reviens, nourrice, je me suis ravisée; tu entendras notre entretien.- Tu sais que ma fille est d'un âge raisonnable.

LA NOURRICE.- Ma foi, je puis vous dire son âge à une heure près.

LA SIGNORA CAPULET.- Elle n'a pas quatorze ans.

LA NOURRICE.- J'y mettrais quatorze de mes dents qu'elle n'a pas encore quatorze ans..... (et cependant à mon grand chagrin, je vous dis, je vous douze[13] qu'il ne m'en reste plus que quatre).... Combien avons-nous d'ici à la Saint-Pierre ?

LA SIGNORA CAPULET.- Une quinzaine et quelques jours par-dessus[14].

[Note 13: *And yet to my teen be it spoken I have four.* *Teen* est un vieux mot qui signifie *chagrin*, il se prononce à peu près comme *ten*, dix. Il a fallu, pour conserver le jeu de mots, employer le quolibet de madame Jourdain.]

[Note 14: *A fortnight and odd days.* Une quinzaine et quelques jours hors de compte. Odd signifie tout ce qui ne rentre pas dans une unité, une mesure, une règle commune. Il signifie aussi impair. La nourrice le prend dans ce sens et répond: *Even or odd* (pair ou impair).]

LA NOURRICE.- Par-dessus ou par-dessous, c'est précisément ce jour-là. Vienne la veille de la Saint-Pierre au soir, elle aura quatorze ans.- Suzanne et elle (Dieu fasse paix à toutes les âmes chrétiennes !) étaient du même âge....- C'est bien; Suzanne est avec Dieu; elle était trop bonne pour moi.- Mais, comme je disais, la veille au soir de la Saint-Pierre, elle aura quatorze ans; elle les aura, sûr; je me le rappelle à merveille. Il y a à présent onze ans du tremblement de terre, et elle fut sevrée, jamais je ne l'oublierai, précisément ce jour-là parmi tous les jours de l'année; car j'avais frotté d'absinthe le bout de mon sein, j'étais assise au soleil contre le mur du colombier; mon maître et vous étiez alors à Mantoue...- Oh ! j'ai de la mémoire; et comme je vous disais, dès qu'elle eut goûté de l'absinthe sur le bout de mon sein, et qu'elle l'eut trouvée amère, il fallait la voir, pauvre petite, se fâcher et se mettre en colère contre le sein. Comme je disais, voilà le colombier qui tremble. Oh ! il ne fut pas besoin, je vous jure, de me dire de trotter, et depuis ce temps-là, il y a onze ans, car elle se tenait déjà seule; quoi ! avec le bout de la baguette elle courait et roulait tout partout: car, tenez, c'était la veille qu'elle s'était cassé la tête; et alors mon mari, Dieu veuille avoir son âme, c'était un drôle de corps ! il releva l'enfant: «Comment, dit-il, tu te laisses tomber sur le nez ! quand tu auras plus d'esprit, tu tomberas en arrière; n'est-ce pas, Jules ?» et, par Notre-Dame, la petite coquine cessa de pleurer, et dit: «Oui.» Voyez pourtant ce que c'est qu'une plaisanterie. J'en réponds, je vivrais mille ans que je ne l'oublierais jamais: «N'est-ce pas, Jules ?» dit mon mari: et la petite morveuse finit tout de suite et dit: «Oui...»

LA SIGNORA CAPULET.- En voilà assez; je t'en prie, tais-toi.

LA NOURRICE.- Oui, madame; et pourtant je ne peux pas m'empêcher de rire quand je pense comme elle cessa de crier et dit: «Oui...» Et pourtant, je vous jure, elle avait sur le front une bosse aussi grosse que la coquille d'un poulet. C'était un coup terrible, et elle pleurait amèrement. «Comment, dit mon mari, tu te laisses tomber sur le nez ! Tu tomberas en arrière quand tu seras plus grande; n'est-ce pas, Jules ?» Elle finit tout de suite et dit: «Oui.»

JULIETTE.- Finis, nourrice, finis, je t'en prie, quand je te le dis.

LA NOURRICE.- Allons, j'ai fini. Que Dieu te marque de sa grâce ! Tu étais la plus jolie petite enfant que j'aie jamais nourrie: si je peux vivre assez pour te voir mariée, je n'en demande pas davantage.

LA SIGNORA CAPULET.- Et le mariage est justement le sujet dont je suis venu causer avec elle.- Dites-moi, ma fille Juliette, avez-vous envie de vous marier ?

JULIETTE.- C'est un honneur auquel je n'ai jamais pensé.

LA NOURRICE.- Un honneur ! Si je n'avais pas été ta seule nourrice, je dirais que tu as sucé la sagesse avec le lait.

LA SIGNORA CAPULET.- Eh bien ! pensez maintenant au mariage. Il y a dans Vérone des femmes plus jeunes que vous, considérées et déjà mères; et moi, je m'en souviens bien, j'étais déjà votre mère longtemps avant l'âge où vous voilà fille encore; enfin, en un mot, le brave Pâris vous adresse ses voeux.

LA NOURRICE.- C'est un homme, jeune dame... madame, c'est un homme comme tout le monde... Vraiment, il semble moulé en cire.

LA SIGNORA CAPULET.- L'été de Vérone n'a pas une fleur qui puisse lui être comparée.

LA NOURRICE.- Oh ! vraiment, c'est une fleur; ma foi, oui, une vraie fleur.

LA SIGNORA CAPULET.- Qu'en dites-vous ? Vous sentez-vous du goût pour ce gentilhomme ? Ce soir, vous le verrez à notre fête. Parcourez tout le livre[15] de la figure du jeune Pâris, et vous y apercevrez le plaisir écrit avec la plume de la beauté. Examinez ces traits si bien d'accord, et vous verrez comme ils s'expliquent l'un l'autre; et ce que peut encore offrir d'obscur ce charmant volume, vous le trouverez écrit dans la marge de ses yeux. Ce précieux livre d'amour, cet amant encore sans liens ne demande, pour compléter sa beauté, que l'ornement dont il va se couvrir. C'est la mer qui fait vivre le poisson; et la beauté doit être orgueilleuse de donner asile à la beauté. Le livre qui sous ses fermoirs d'or enserre la légende dorée en partage la gloire aux yeux de tous: ainsi, en le possédant, vous partagerez tout ce qui lui appartient sans rien diminuer du vôtre.

[Note 15: De toutes ces métaphores sur Pâris, comparé à

un livre, une seule a paru impossible à rendre, c'est celle où la signora Capulet l'appelant *unbound lover*, en fait à la fois _un amant sans liens et un amant sans reliure_.]

LA NOURRICE.- Diminuer ! non, en vérité; elle grossira plutôt: les femmes grossissent par le moyen des hommes.

LA SIGNORA CAPULET.- Répondez-moi en un mot: l'amour de Pâris pourrait-il vous plaire ?

JULIETTE.- Je verrai à le trouver agréable si le voir peut faire qu'il m'agrée. Mais mon regard ne pénétrera pas plus avant que le point où votre consentement lui donnera la force de se lancer.

(Entre un domestique.)

LE DOMESTIQUE.- Madame, les convives sont arrivés, le souper est servi, on vous attend; on demande ma jeune maîtresse; on jure, dans l'office, après la nourrice; toutes choses sont à point. Il faut que j'aille servir, je vous en prie, venez sur-le-champ.

LA SIGNORA CAPULET.- Nous te suivons. Allons, Juliette, le comte nous attend.

LA NOURRICE.- Allez, ma fille, chercher ce qui donnera d'heureuses nuits à vos heureux jours.

(Elles sortent.)

SCÈNE IV

Une rue.

Entrent ROMÉO, MERCUTIO, BENVOLIO, _avec cinq ou six autres masques et des porteurs de flambeaux._

ROMÉO.- Eh bien ! est-ce là ce que nous dirons pour notre excuse, ou entrerons nous sans apologie ?

BENVOLIO.- Tous ces bavardages-là sont du temps passé[16].

[Note 16: Il paraît qu'autrefois il arrivait souvent qu'on vînt à une fête sans y être invité; alors on paraissait en masque et précédé d'une espèce de hérault, également déguisé et qui prononçait par forme d'excuse un compliment préparé. Apparemment que, du temps de Shakspeare, la mode de ces compliments commençait à passer.]

Nous n'aurons point de Cupidon avec son bandeau et son écharpe, portant un arc à la tartare fait de latte peinte, pour effrayer les dames au hasard, comme un homme qui chasse les corneilles; nous n'aurons pas non plus de ces prologues sans livres répétés en traînant après le souffleur au moment de notre entrée. Qu'ils nous mesurent des yeux comme il leur plaira, nous leur mesurerons une mesure de danse, et nous voilà partis.

ROMÉO.- Donnez-moi une torche; ces gambades ne me vont pas. Sombre[17] comme je le suis, c'est à moi à porter le flambeau.

[Note 17: Chaque troupe de masques était précédée d'un homme portant une torche qui entrait dans l'assemblée, mais ne se mêlait point à la fête.]

MERCUTIO.- Vraiment, mon cher Roméo, il faudra bien que vous dansiez.

ROMÉO.- Non pas moi, croyez-moi. Vous autres, vous avez des souliers à danser et le pied léger; moi, j'ai une âme de plomb qui me cloue tellement à terre que je ne saurais remuer.

MERCUTIO.- Vous êtes amoureux, empruntez les ailes de l'Amour pour vous élancer au delà des hauteurs ordinaires.

ROMÉO.- Il m'a lancé un dard qui me perce trop cruellement pour que je puisse me lancer sur ses ailes légères; et enchaîné[18] comme je le suis, je ne puis m'élever au-dessus de ma sombre tristesse: je succombe sous le pesant fardeau de l'Amour.

[Note 18: Il y a ici abondance et complication de jeux de mots entre *sore* (cruel) et *soar* (prendre l'essor), *bound* (enchaîné) et *bound* (bond). On en a indiqué ce qui a été possible.]

MERCUTIO.- Et en succombant vous écraserez l'Amour: vous êtes un poids trop fort pour quelque chose de si délicat.

ROMÉO.- L'Amour délicat ! il est dur, rude,

ingouvernable, piquant comme l'épine.

MERCUTIO.- Si l'Amour vous mène rudement, menez rudement l'Amour; s'il vous pique, donnez de l'éperon et vous le mettrez à bas. Allons, une boîte pour mon visage; c'est un masque pour un masque. (_Il met son masque_.) Que m'importe à présent quel oeil curieux remarque mes difformités ? Voici un front refrogné qui rougira pour moi.

BENVOLIO.- Allons, frappe, et entrons; et aussitôt entrés, que chacun ait recours à ses jambes.

ROMÉO.- Donnez-moi une torche. Que des étourdis légers de coeur effleurent de leurs pieds les joncs insensibles[19]. Pour moi, je tiendrai, comme on dit, la chandelle, et je regarderai. Ce qui me convient, c'est le proverbe des grand'mères: «La fête n'a jamais été si belle, et je m'en vas[20].»

[Note 19: Avant de connaître l'usage des tapis, on couvrait de joncs le sol des appartements; de là *joncher*.]

[Note 20: MERCUT.

The game was never so fair and I am done. Tut, dun's the mouse, the constable's word, If thou art dun, we'll draw thee from the mire, etc.

Il y a ici entre *done* et *dun* un jeu de mots intraduisible. _Dun's the mouse_ (la souris est grise) serait, selon les commentateurs, un proverbe équivalent à notre proverbe:

A la nuit, tous chats sont gris. Mais ils se trouvent hors d'état d'expliquer suffisamment l'allusion contenue dans ces mots *the constable's word.* En adoptant dans la traduction leur version sur le *dun's the mouse*, je serais plutôt tenté d'y voir un jeu de mots employé par quelque constable dans une occasion où, ayant à se saisir d'un malfaiteur, il aura employé, pour avertir ses gens sans alarmer celui qu'il cherchait, ces mots insignifiants, _dun's the mouse *(la souris est grise), pour ceux-ci,* done's the mouse_ (la souris est prise, c'en est fait de la souris). Quoi qu'il en soit, cette explication n'est pas plus mauvaise qu'aucune de celles qu'ont données les commentateurs. *Dun out from the mire* était une ancienne chanson: on a substitué à cette allusion impossible à rendre un jeu de mots sur ces deux sens du mot *gris*, qui n'est point dans Shakspeare, à charge de revanche.]

MERCUTIO.- Bon, bon, à la nuit tous chats sont gris; c'est le mot du constable: et si tu es gris, nous te tirerons, sauf respect, de la mare où cet amour t'a enfoncé jusqu'aux oreilles. Venez, nous brûlons le jour[21]. Holà !

[Note 21: *We burn day light*, expression proverbiale commune à l'anglais et au français.]

ROMÉO.- Cela n'est pas ainsi.

MERCUTIO.- Je veux dire, mon cher, qu'en nous arrêtant ainsi nous dépensons notre lumière sans profit, comme des lampes qui brûleraient le jour. Il faut voir dans ce que nous disons ce que nous avons intention de dire, car c'est là que la raison se trouvera cinq fois plutôt qu'une seule dans nos cinq sens.

ROMÉO.- Oui, nous avons bonne intention en allant à cette mascarade; mais il n'est pas raisonnable d'y aller.

MERCUTIO.- Peut-on te demander pourquoi ?

ROMÉO.- J'ai fait un songe cette nuit.

MERCUTIO.- Et moi aussi.

ROMÉO.- Eh bien ! qu'avez-vous rêvé ?

MERCUTIO.- Que ceux qui rêvent mentent souvent[22].

[Note 22: Jeu de mots intraduisible entre (lie) mentir, *et (lie)* être couché.]

ROMÉO.- Oui, lorsqu'endormis dans leur lit ils rêvent des choses vraies.

MERCUTIO.- Oh ! je vois que la reine Mab vous a visité cette nuit: c'est la fée sage-femme[23]. Elle vient, petite et légère comme l'agate placée à l'index d'un alderman, traînée par un attelage de minces atomes, et parcourt le nez des hommes pendant leur sommeil. Les rayons de ses roues sont faits de longues pattes de faucheur; l'impériale de sa voiture d'ailes de sauterelles; ses traits de la plus fine toile d'araignée; ses harnais des rayons humides d'un clair de lune. Le manche de son fouet est un os de grillon, et la mèche une mince pellicule. Son postillon est un petit moucheron vêtu de gris, pas à moitié si gros que le petit ver rond retiré avec la pointe d'une aiguille du doigt d'une jeune fille. Son chariot est une coquille de noisette vide travaillée par l'écureuil, ouvrier en bois, ou par le vieux ver, de temps immémorial associé des fées. C'est dans cet équipage qu'elle galope toutes les nuits au travers du cerveau des amants, et ils rêvent d'amour; sur les genoux des hommes de cour, et ils rêvent aussitôt de révérences; sur les doigts des gens de loi, et sur-le-champ ils rêvent d'épices; sur les lèvres des dames, et à l'instant elles rêvent de baisers: mais souvent Mab irritée les punit par des boutons d'avoir empesté leur haleine en mangeant des confitures[24]. Quelquefois elle galope sur le nez d'un courtisan, et il rêve qu'il flaire une place à solliciter. Quelquefois elle vient, avec la queue d'un pourceau de dîme, chatouiller le nez d'un prébendaire endormi, et il rêve d'un second bénéfice. Tantôt elle dirige son char sur le cou d'un soldat, et il rêve d'ennemis qu'il pourfend, de brèches, d'embuscades, de coutelas d'Espagne, de rasades profondes de cinq brasses: alors elle bat le tambour à son oreille; il s'éveille en sursaut, et dans sa frayeur il jure une ou deux invocations, puis se rendort. C'est cette même Mab qui pendant la nuit mêle la crinière des chevaux et la frise en sales tampons de crins ensorcelés, qui, une fois débrouillés, présagent de grands malheurs. C'est la sorcière qui pèse sur le sein des jeunes filles étendues dans leur lit, pour leur apprendre à supporter et en faire des femmes fortes[25]. C'est elle qui...

[Note 23: *She is the fairies midwife*, ce qui ne signifie point _la sage-femme des fées, mais la sage-femme entre les fées_. On ne voit nulle part que l'emploi de la reine

Mab, la fée des songes, fût d'accoucher les fées; mais c'était elle qui enlevait à leur mère, au moment de leur naissance, les enfants nés pendant la nuit pour y substituer un enfant étranger.]

[Note 24: *Sweet meats*, espèce de confitures parfumées, connues alors sous le nom de *kissing comfits*, et dont les femmes faisaient un grand usage]

[Note 25:

This is the hag, when maids lie on their backs, That presses them, and learn them first to bear, Making them women of good carriage.

La phrase était impossible à rendre exactement.]

ROMÉO.- Paix, paix, Mercutio, paix; ce sont des riens que tu nous dis là.

MERCUTIO.- Tu as raison, car je parle de songes, enfants d'un cerveau oisif, produit de quelques vaines chimères, d'une substance aussi légère que l'air, et plus inconstante que le vent, qui, caressant le sein glacé du nord, s'irrite soudain, et, par une bouffée contraire, tourne sa face vers le midi qui verse la rosée.

BENVOLIO.- Ce vent dont vous nous parlez nous rejette loin de nous-mêmes. Le souper est fini et nous arriverons trop tard.

ROMÉO.- Trop tôt, au contraire, j'en ai peur. Un

pressentiment funeste semble me dire qu'au milieu des réjouissances de cette nuit quelque événement encore suspendu dans les astres va commencer son cours terrible, et amener, par le traître coup d'une mort prématurée, le terme de cette vie méprisée que je renferme en mon sein. Mais, que celui qui gouverne ma course dirige ma voile ! Allons, joyeux seigneurs.

BENVOLIO.- Battez, tambours.

(Ils sortent.)

SCÈNE V

Une salle de la maison de Capulet, garnie de musiciens.

Entrent des DOMESTIQUES.

PREMIER DOMESTIQUE.- Où est Potpan, qu'il ne m'aide pas à desservir ? Lui, manier le tranchoir ! jouer du tranchoir !

SECOND DOMESTIQUE.- Quand le bon air d'une maison est remis dans les mains d'un ou deux hommes, et des mains sales encore, cela fait mal au coeur[26].

[Note 26: *Tis a foul thing. A foul thing* signifie une chose *malpropre* et une chose *fâcheuse, coupable*, etc.]

PREMIER DOMESTIQUE.- Emporte les pliants, dérange le buffet, aie l'oeil à la vaisselle. Mon cher, mets de côté pour moi un morceau de massepain[27]; et si tu veux me faire plaisir, tu diras au portier de laisser entrer Suzanne Grindstone et Nell.- Antoine ! Potpan !

[Note 27: Les massepains étaient alors d'énormes gâteaux, dont nos *macarons*, dit l'un des commentateurs de Shakspeare ne sont qu'un *diminutif dégénéré*.]

SECOND DOMESTIQUE.- Oui, mon garçon, nous voilà.

PREMIER DOMESTIQUE.- On a besoin de vous, on vous appelle, on vous demande, on vous cherche dans la grande salle.

SECOND DOMESTIQUE.- Nous ne pouvons pas être ici et là en même temps. Allons, gai, mes amis; soyons vifs un moment, et que celui qui vivra le dernier emporte tout.

(Ils se retirent.)

(Entrent Capulet, les convives et les masques.)

CAPULET.- Cavaliers, soyez les bienvenus. Voilà des dames à qui les cors ne font pas mal au pied, et qui vous donneront bien un tour de danse.- Ah, ah ! mesdames, laquelle de vous refusera de danser maintenant ? Celle qui fera la dégoûtée, je protesterai qu'elle a des cors aux pieds. Est-ce là vous serrer de près ?- Cavaliers, soyez les bienvenus. J'ai vu le temps où je portais un masque aussi, et où je pouvais conter mes histoires tout bas à l'oreille d'une belle dame, et de manière à ne pas lui déplaire. Ce temps est passé; il est passé, passé.- Vous êtes les bienvenus, cavaliers.- Allons, musiciens, commencez. En cercle, en cercle, faites place; et vous, jeunes filles, sautez. (*Les instruments jouent et l'on danse.*) Holà ! valets, encore des lumières, relevez les tables contre le mur; éteignez le feu, la salle devient trop chaude.- Allons, mon cher, voilà un divertissement imprévu qui ne prend pas mal. Asseyez-vous, asseyez-vous, bon cousin Capulet; car vous et moi nous avons passé nos jours de danse. Combien y a-t-il de temps que vous et moi nous avons porté un masque pour la dernière fois ?

SECOND CAPULET.- Par Notre-Dame, il y a trente ans.

CAPULET.- Comment donc, mon cher ? il n'y a pas tant, il n'y a pas tant. C'était à la noce de Lucentio: il y aura, vienne la Pentecôte quand elle voudra, quelque vingt-cinq ans; nous y allâmes en masque.

SECOND CAPULET.- Il y a davantage, davantage: son fils est plus âgé que cela; son fils a trente ans.

CAPULET.- Vous me direz cela, à moi ? Il y a deux ans que son fils était encore mineur.

ROMÉO.- Quelle est cette dame dont s'est enrichie la main de ce cavalier ?

UN DOMESTIQUE.- Je ne la connais pas, monsieur.

ROMÉO.- Oh ! c'est d'elle que la flamme de ces flambeaux doit apprendre à briller. Sa beauté près de ce visage semblable à la nuit ressemble à un joyau attaché à l'oreille d'un Éthiopien: beauté trop brillante pour les usages de la vie, trop précieuse pour la terre ! Telle une blanche colombe parmi les corbeaux, telle paraît cette dame auprès de ses compagnes. Quand la danse aura cessé, j'observerai où elle se tient; et je rendrai heureuse ma main téméraire en touchant la sienne. Mon coeur a-t-il aimé jusqu'à ce moment ? Protestez du contraire, mes yeux, car jusqu'à cette nuit je n'avais jamais vu la véritable beauté.

TYBALT.- A sa voix, cet homme doit être un Montaigu. Garçon, donne-moi ma rapière. Comment, ce misérable osera venir ici, caché sous un masque grotesque, pour dénigrer et ridiculiser notre fête ! Par la tige et l'honneur de ma race, je ne crois pas pécher en lui donnant le coup de la mort.

CAPULET.- Qu'est-ce que c'est, mon neveu ? Pourquoi tempêtez-vous ainsi ?

TYBALT.- Mon oncle, cet homme est un Montaigu, notre ennemi; un traître qui est venu ici ce soir, en haine de nous, pour se moquer de notre fête.

CAPULET.- Est-ce le jeune Roméo ?

TYBALT.- C'est lui-même, ce traître de Roméo.

CAPULET.- Modère-toi, mon cher neveu; laisse-le en paix, il a l'air d'un noble cavalier; et, pour dire la vérité, tout Vérone le vante comme un jeune homme vertueux et d'une conduite honorable. Je ne voudrais pas, pour tous les trésors de cette ville, lui faire ici, dans ma maison, la moindre insulte. Sois donc patient, ne fais pas attention à lui: c'est ma volonté; et si tu la respectes, tu prendras un visage gracieux et quitteras cet air de mauvaise humeur qui sied mal dans une fête.

TYBALT.- Il sied très-bien quand un pareil traître devient votre convive: je ne le souffrirai pas.

CAPULET.- Vous le souffrirez vraiment, mon petit ami ! Je vous dis que vous le souffrirez. Allons donc; est-ce moi qui suis le maître ici, ou bien vous ? Allons donc, vous ne le souffrirez pas ? Dieu me pardonne ! vous allez mettre le trouble parmi mes hôtes, vous prendrez les airs d'un coq sur son panier[28] ! vous ferez le maître !....

[Note 28: *You will set cock-a-hoop*: un coq sur un cerceau.]

TYBALT.- Mais, mon oncle, c'est une honte....

CAPULET.- Allez, allez, vous êtes un jeune insolent.... Nous verrons vraiment.... Cette farce pourrait bien vous tourner mal. Je sais ce que je dis. Il faudra que vous veniez ici me contrarier ! En vérité, vous prenez bien votre temps.- A merveille, mes enfants.- Vous n'êtes qu'un fat, allez; tenez-vous tranquille, ou....- Encore des lumières; encore des lumières. N'avez-vous pas de honte ?- Je vous forcerai bien à être tranquille. Comment !- Allons, gai, mes enfants.

TYBALT.- Cette patience forcée, et la colère à laquelle

je voudrais m'abandonner, font, en se heurtant, trembler tout mon corps des assauts qu'elles se livrent. Je m'en irai; mais cette intrusion qui semble douce maintenant, se changera en fiel amer.

(Il sort.)

ROMÉO, *à Juliette*.- Si d'une main trop indigne j'ai profané la sainteté de l'autel, voici la douce expiation de ma faute: mes lèvres, pèlerins rougissants, sont prêtes à adoucir par un tendre baiser la rude impression de ma main.

JULIETTE.- Bon pèlerin, vous faites injure à votre main, qui n'a montré en ceci qu'une dévotion pleine de convenance; car les saints ont des mains que peuvent toucher celles des pèlerins; et joindre les mains est le baiser du pieux voyageur en terre sainte.

ROMÉO.- Les saints n'ont-ils pas des lèvres ? et les pieux voyageurs aussi ?

JULIETTE.- Oui, pèlerin, des lèvres qu'ils doivent employer à prier.

ROMÉO.- Oh ! s'il en est ainsi, chère sainte, permets aux lèvres de faire l'office des mains: elles te prient, exauce leur prière, de peur que ma foi ne se change en désespoir.

JULIETTE.- Les saints ne bougent pas, bien qu'ils exaucent la prière qui leur est faite.

ROMÉO.- Alors ne bougez pas, tandis que je vais recueillir le fruit de ma prière: ainsi vos lèvres auront purifié les miennes de leur péché.

(Il lui donne un baiser.)

JULIETTE.- Alors mes lèvres doivent avoir pris le péché dont elles ont déchargé les vôtres.

ROMÉO.- Pris le péché de mes lèvres ! ô faute doucement punie ! Rendez-moi mon péché.

JULIETTE.- Vous donnez des baisers avec méthode[29].

[Note 29: *By the book.*]

LA NOURRICE.- Madame, votre mère veut vous dire un mot.

ROMÉO.- Quelle est sa mère ?

LA NOURRICE.- Vraiment, jeune homme; sa mère est la maîtresse de la maison, et c'est une bonne dame, sage et vertueuse. J'ai nourri sa fille avec qui vous causiez; et je dis que celui qui mettra la main dessus aura du comptant.

ROMÉO.- C'est une Capulet !- Oh ! qu'il va m'en coûter cher ! ma vie est engagée à mon ennemie.

BENVOLIO.- Allons, Roméo, partons, la fête est à son plus beau moment.

ROMÉO.- Oui, j'en ai peur, et mon tourment n'en est que plus grand.

CAPULET.- Arrêtez, cavaliers, ne songez pas encore à nous quitter: nous avons là une ridicule petite collation sans cérémonie.- Vous le voulez donc absolument ? Allons, je vous remercie tous; je vous remercie, honnêtes cavaliers; bonne nuit.- Encore des torches par là !- Allons, allons donc chercher nos lits. Ah ! par ma foi, mon cher (_au second Capulet_), il se fait tard. Je vais aller me reposer.

(Ils sortent.)

JULIETTE.- Approche, nourrice; dis-moi, quel est ce cavalier ?

LA NOURRICE.- C'est le fils et l'héritier du vieux Tibério.

JULIETTE.- Quel est celui qui sort actuellement ?

LA NOURRICE.- Je crois, ma foi, que c'est le jeune Pétruccio.

JULIETTE.- Et celui qui le suit, qui ne voulait pas danser ?

LA NOURRICE.- Je ne le connais pas.

JULIETTE.- Va, demande son nom.- S'il est marié, il est probable que mon tombeau sera mon lit nuptial.

LA NOURRICE.- Son nom est Roméo: c'est un Montaigu, le fils unique de votre grand ennemi.

JULIETTE.- Mon unique amour lié de l'unique objet de ma haine !.... Je l'ai vu trop tôt sans le connaître ! et je l'ai connu trop tard ! O prodige de l'amour qui vient de naître en moi, que je sois forcée d'aimer un ennemi détesté !

LA NOURRICE.- Qu'est-ce que c'est ? qu'est-ce que c'est ?

JULIETTE.- Un vers que je viens d'apprendre de quelqu'un avec qui j'ai dansé.

(Une voix dans l'intérieur appelle Juliette.)

LA NOURRICE.- Tout à l'heure, tout à l'heure. (*A Juliette.*) Venez, allons-nous-en; tous les étrangers sont partis.

(Elles sortent.)

(Entre le choeur.)

LE CHOEUR.- Une ancienne passion languit maintenant sur son lit de mort, et de jeunes désirs soupirent après son héritage. Cette beauté pour qui l'amour gémissait et demandait à mourir, comparée à la tendre Juliette, a maintenant cessé d'être belle. Maintenant Roméo est aimé, et il aime à son tour; la magie des regards a jeté sur eux le même charme. Cependant il faut qu'il se plaigne à celle qu'il croit son ennemie, et qu'elle dérobe sur de cruels hameçons le doux appât de l'Amour. Étant tenu pour un ennemi, il ne pourra avoir accès près d'elle pour exprimer ces voeux que les amants ont accoutumé de jurer; tandis qu'elle, aussi pressée d'amour, aura bien moins de moyens encore de chercher à rencontrer celui qu'elle aime depuis un moment, mais la passion leur prête sa puissance, l'occasion leur fournira les moyens de se rapprocher, et tempérera leur détresse par une douceur extrême.

(Il sort.)

FIN DU PREMIER ACTE.

ACTE DEUXIÈME

SCÈNE I

Un lieu ouvert touchant le jardin de Capulet.

Entre ROMÉO.

ROMÉO.- Puis-je aller plus loin lorsque mon coeur est ici ? Marche, terre insensible, et retourne vers ton centre.

(Il escalade le mur et saute dans le jardin.)

(Entrent Benvolio et Mercutio.)

BENVOLIO.- Roméo ! cousin Roméo !

MERCUTIO.- Il a fait sagement, et, sur ma vie, il s'est échappé pour aller trouver son lit.

BENVOLIO.- Il a couru de ce côté, et a sauté par-dessus le mur de ce verger. Appelle-le, bon Mercutio.

MERCUTIO.- Oui, et je vais même le conjurer.- Roméo ! caprice ! insensé ! passion ! amant ! apparais-nous sous la forme d'un soupir; dis-nous seulement un vers, et je serai satisfait.- Crie-nous seulement un *hélas* ! Fais seulement rimer *tendresse* et *maîtresse*; dis quelques mots de douceur à ma commère Vénus, un petit sobriquet à son fils et héritier le jeune aveugle Adam Cupidon[30], qui tira si proprement quand le roi Cophetua devint amoureux de la fille du mendiant[31].- Il ne m'entend point, il ne bouge point, il ne remue point; il faut que ce magot-là soit mort, et je vais l'évoquer.- Je te conjure par les yeux brillants de Rosaline, par son front élevé, par l'incarnat de ses lèvres, par son joli pied, par sa jambe bien faite, et tout ce qui s'ensuit[32], de nous apparaître sous ta propre ressemblance.

[Note 30: *Adam Cupid*. Adam Bell était le nom d'un archer fameux auquel on a dû supposer que Shakspeare voulait faire allusion. C'est ce qui a engagé les critiques à adopter cette leçon à la place d'*Abraham Cupid*, que portent les premières éditions.]

[Note 31: Allusion à un vers d'une ancienne ballade:

The blinded boy that shoots so trim,

(L'enfant aveugle qui tire si proprement). La ballade a pour titre: *King Cophetua and the beggar maid,* et se trouve dans le recueil intitulé *Relics of ancient english poetry,* rassemblé par le docteur Percy.]

[Note 32:

By her fine foot, straight leg, and quivering thigh And the demesnes that there adjacent lie.]

BENVOLIO.- S'il t'entend, tu le fâcheras.

MERCUTIO.- Ce que je dis ne peut l'offenser; ce qui pourrait l'offenser serait d'évoquer quelque esprit étrange dans le cercle de sa maîtresse, et de l'y laisser jusqu'à ce qu'elle l'eût conjuré et fait rentrer dans l'abîme; cela pourrait l'irriter; mon invocation est honnête et obligeante, et je ne conjure au nom de sa maîtresse que pour le faire apparaître.

BENVOLIO.- Viens, il se sera enfoncé sous ces arbres pour l'amour de la nuit; ils sont faits l'un pour l'autre[33]: son amour est aveugle; les ténèbres seules lui conviennent.

[Note 33: *To be consorted with the humorous night,* *humorous* veut dire ici *d'une humeur assortie à la sienne.*]

MERCUTIO.- Quand l'amour est aveugle, il ne peut toucher le but[34].- Roméo, je te souhaite une bonne nuit; moi, je vais gagner mon alcôve. Ce lit de camp est trop froid pour que j'y puisse dormir.- Eh bien ! partons-nous ?

[Note 34: Il a fallu passer ces cinq vers:

Now will he sit under a medlar tree And wish his mistress were that kind of fruit As maid call medlars, when they laugh alone. O Roméo, that she were, ah that she were An open *et cætera,* thou a propin pear.

Ces deux derniers vers, dont les commentateurs ne sont pas trop parvenus à saisir le sens, leur ont cependant paru d'une telle indécence qu'ils n'ont osé les insérer dans le texte, et les ont rejetés dans une note où ils nous apprennent que *l'et cætera* est l'indication d'une obscénité encore plus grossière, l'usage, du temps de Shakspeare étant, lorsque quelque expression prononcée sur la scène paraissait trop indécente pour l'impression, de la suppléer par un *et cætera.*]

BENVOLIO.- Allons, car il serait fort inutile de le chercher ici, puisqu'il ne veut pas qu'on le trouve.

(Ils sortent.)

SCÈNE II

Le jardin de Capulet.

Entre ROMÉO.

ROMÉO.- Il se rit des cicatrices, celui qui n'a jamais reçu

une blessure. (*Juliette paraît à une fenêtre.*)- Mais doucement ! Quelle lumière brille soudain à travers cette fenêtre ? C'est l'Orient; Juliette est le soleil.- Lève-toi, soleil de beauté; tue la lune jalouse, déjà malade et pâle de douleur de ce que toi, sa servante, es bien plus belle qu'elle. Ne sois pas sa servante, puisqu'elle est jalouse. La couleur dont se revêtent ses vestales est une couleur malade et livide; on ne la voit qu'aux imbéciles, rejette-la loin de toi. Oui, c'est ma dame; oui, ce sont mes amours: oh ! si elle pouvait savoir ce qu'elle est pour moi !- Elle parle, et cependant elle ne fait entendre aucun son. Qu'importe ! ses yeux ont un langage; je veux leur répondre.- Je suis trop téméraire; ce n'est pas à moi qu'elle parle. Deux des plus brillantes étoiles du ciel, appelées ailleurs par quelque soin, conjurent ses yeux de briller dans leur sphère jusqu'à leur retour. Mais quoi ? si ses yeux étaient au ciel, et que les étoiles fussent dans sa tête, l'éclat de ses joues leur ferait honte comme le jour à une lampe; et ses yeux, de la voûte du ciel, verseraient à travers les régions éthérées des flots si brillants de lumière, que les oiseaux chanteraient pensant qu'il n'est pas nuit !- Voyez comme elle appuie sa joue sur sa main. Oh ! que ne suis-je un gant placé sur cette main, pour toucher cette joue !

JULIETTE.- Hélas !

ROMÉO.- Elle parle.- Oh ! parle encore, ange radieux ! car tu parais aussi resplendissant au sein de cette nuit étendue sur ma tête qu'un messager ailé du ciel, lorsqu'aux regard étonnés des mortels, qui, les yeux élevés de tout leur effort, se renversent en arrière pour le contempler, il fend le cours paresseux des nuages et vogue au sein des airs.

JULIETTE.- O Roméo ! Roméo !- Pourquoi es-tu Roméo ?- Renie ton père et rejette ton nom; ou, si tu ne le veux pas, jure seulement de m'aimer, et je cesse d'être une Capulet.

ROMÉO, *à part.*- Dois-je l'écouter plus longtemps, ou répondrai-je à ceci ?

JULIETTE.- Il n'y a que ton nom qui soit mon ennemi. Tu es toujours toi-même, non un Montaigu. Qu'est-ce ce que c'est que Montaigu ? Ce n'est ni la main, ni le pied, ni le bras, ni le visage, ni aucune des autres parties qui appartiennent à un homme. Oh ! sois quelque autre chose. Qu'y a-t-il dans un nom ? Ce que nous appelons une rose, sous tout autre nom sentirait aussi bon. Ainsi Roméo, ne se nommât-il plus Roméo, garderait en perdant ce nom ses perfections chéries. Roméo, dépouille-toi de ton nom; et pour ce nom, qui ne fait pas partie de toi-même, prends-moi tout entière.

ROMÉO.- Je te prends au mot. Appelle-moi ton amant, et je reçois un nouveau baptême, je cesse à jamais d'être Roméo.

JULIETTE.- Qui es-tu, toi qui, couvert par la nuit, viens ainsi t'emparer de mes secrets ?

ROMÉO.- Je ne sais de quel nom me servir pour t'apprendre qui je suis. Mon nom, ô ma sainte chérie[35], m'est odieux, puisqu'il est pour toi celui d'un ennemi. S'il était écrit, je le mettrais en pièces.

[Note 35: *Ma sainte* était à cette époque le nom que les amants donnaient le plus habituellement à leur maîtresse.]

JULIETTE.- Mon oreille n'a pas encore aspiré cent paroles prononcées par cette voix, et cependant j'en reconnais les sons.- N'es-tu pas Roméo, un Montaigu ?

ROMÉO.- Ni l'un ni l'autre, ma charmante sainte, si l'un ou l'autre te sont odieux.

JULIETTE.- Comment es-tu arrivé jusqu'ici, dis-le moi, et qu'y viens-tu faire ? Les murs du verger sont élevés et difficiles à escalader. Songe qui tu es; ces lieux sont pour toi la mort si quelqu'un de mes parents vient à t'y rencontrer.

ROMÉO.- Des ailes légères de l'amour j'ai volé sur le haut de ces murailles; car des barrières de pierre ne peuvent exclure l'amour; et tout ce que l'amour peut faire, l'amour ose le tenter: tes parents ne sont donc point pour moi un obstacle.

JULIETTE.- S'ils te voient, ils te tueront.

ROMÉO.- Hélas ! tes yeux sont pour moi bien plus dangereux que vingt de leurs épées. Donne-moi seulement un doux regard, et je suis à l'épreuve de leur inimitié.

JULIETTE.- Je ne voudrais pas pour le monde entier qu'ils te vissent ici.

ROMÉO.- Le manteau de la nuit me dérobe à leurs regards. A moins que tu ne m'aimes, laisse-les me surprendre: il me vaut mieux perdre la vie par leur haine que mourir lentement sans ton amour.

JULIETTE.- Qui t'a appris à trouver ce lieu ?

ROMÉO.- L'amour, qui m'a d'abord excité à le chercher: il m'a prêté son intelligence, et je lui ai prêté mes yeux.- Je ne suis point un pilote; mais fusses-tu aussi loin de moi que ce vaste rivage baigné des mers les plus éloignées, pour un tel chargement j'aventurerais tout.

JULIETTE.- Tu le sais, la nuit étend son masque sur mon visage, sans quoi ce que tu viens de m'entendre dire colorerait devant toi mes joues de la rougeur qui convient à une jeune fille. Je voudrais bien pouvoir conserver encore les apparences; je voudrais, je voudrais pouvoir nier ce que j'ai dit. Mais, adieu tous ces compliments.- M'aimes-tu ? Je sais que tu vas me répondre *oui*, et j'en recevrai ta parole.... Cependant, si tu le jures, tu peux devenir perfide: On dit que Jupiter se rit des parjures des amants. O cher Roméo, si tu m'aimes, dis-le-moi sincèrement; ou bien, si tu me trouves trop prompte à me rendre, je prendrai un visage sévère, je me montrerai irritée, et je te dirai *non*; et alors tu me feras la cour: mais autrement je n'en voudrais rien faire pour le monde entier.- En vérité, beau Montaigu, je t'aime trop, et tu peux trouver ma conduite légère. Mais crois-moi, cavalier, tu me trouveras plus fidèle que celles qui ont plus que moi l'art de déguiser. J'aurais été plus réservée, il faut que je l'avoue, si tu n'avais entendu, avant que je pusse m'en apercevoir, les expressions passionnées de mon sincère amour. Pardonne-moi donc, et n'impute point à la légèreté de mon amour cette faiblesse que t'a découverte l'obscurité de la nuit.

ROMÉO.- Madame, par cette heureuse lune qui touche d'une lueur argentée les cimes de ces arbres fruitiers, je jure.....

JULIETTE.- Ah ! ne jure point par la lune, l'inconstante lune, qui chaque mois change la forme de son disque; de peur que ton amour ne soit variable.

ROMÉO.- Par quoi jurerai-je ?

JULIETTE.- Ne jure point du tout; ou si tu le veux, jure par ta personne gracieuse, toi, le dieu de mon culte idolâtre, et je te croirai.

ROMÉO.- Si le cher amour de mon coeur.....

JULIETTE.- C'est bien; ne jure point. Bien que ma joie soit en toi, je ne ressens point de joie cette nuit de notre engagement: il est trop précipité, trop inconsidéré, trop soudain, trop semblable à l'éclair, qui a cessé d'être avant qu'on ait pu dire: Il éclaire ! Mon doux ami, bonne nuit. Développé par l'haleine de l'été, ce bouton d'amour peut, quand nous nous reverrons, être devenu belle fleur. Bonne nuit ! bonne nuit ! Qu'un repos, un calme aussi doux que celui qui remplit mon sein arrive à ton coeur !

ROMÉO.- Oh ! me laisseras-tu si peu satisfait ?

JULIETTE.- Et quelle satisfaction peux-tu obtenir cette nuit ?

ROMÉO.- L'échange de tes fidèles serments d'amour contre les miens.

JULIETTE.- Je t'ai donné mon amour avant que tu l'eusses demandé, et je voudrais être encore à te le donner.

ROMÉO.- Voudrais-tu me le retirer ? et pourquoi, mon amour ?

JULIETTE.- Seulement pour avoir le plaisir d'être franche avec toi, et de te le donner de nouveau. Mais ce que je désire, je le possède déjà: ma libéralité envers toi est sans bornes comme la mer; mon amour est aussi profond: plus je te donne, et plus il me reste; car tous les deux sont infinis.- J'entends du bruit là-dedans. Cher amour, adieu. (*La nourrice appelle de l'intérieur.*)- Tout à l'heure, bonne nourrice.- Doux Montaigu, sois fidèle. Demeure un moment encore, je vais revenir.

(Elle sort.)

ROMÉO.- O bienheureuse, bienheureuse nuit ! Je crains, comme c'est la nuit, que tout ceci ne soit un songe, trop doucement flatteur pour être réel.

(Juliette reparaît à la fenêtre.)

JULIETTE.- Trois mots, cher Roméo, et puis bonne nuit pour tout de bon. Si les vues de ton amour sont honorables, si le mariage est ton but, fais-moi savoir demain matin, par quelqu'un que je trouverai le moyen de t'envoyer, en quel lieu, en quel temps tu veux accomplir la cérémonie, et j'irai mettre à tes pieds toute la fortune de ma vie, et je te suivrai comme mon seigneur jusqu'au bout de l'univers.

LA NOURRICE, *dans la maison.*- Madame !

JULIETTE.- Je viens, tout à l'heure.- Mais si tes intentions ne sont pas bonnes, je te conjure...

LA NOURRICE, *dans la maison.*- Madame !

JULIETTE.- Dans l'instant, je viens.- De cesser tes poursuites, et de me laisser à ma douleur. Demain j'enverrai.

ROMÉO.- Que mon âme prospère.....

JULIETTE.- Mille fois bonne nuit.

(Elle sort.)

ROMÉO.- Mille fois mauvaise nuit, du moment où lui manque ta lumière ! l'Amour court vers l'amour, comme l'écolier loin de ses livres; mais l'amour s'éloigne de l'Amour comme l'enfant retourne à l'école, les yeux chargés de tristesse.

(Il se retire à pas lents.)

(Juliette revient encore à la fenêtre.)

JULIETTE.- St ! Roméo ! St !- Oh ! que n'ai-je la voix du fauconnier pour ramener cet aimable faucon ! L'esclavage a la voix éteinte, il ne peut parler haut; autrement je percerais les cavernes où se retire l'écho, et je fatiguerais sa voix aérienne à répéter le nom de mon Roméo jusqu'à ce que les sons en fussent plus affaiblis que les miens.

ROMÉO.- C'est mon âme qui m'appelle par mon nom ! Oh ! que les sons argentins de la voix des amants portent, durant la nuit, une délicieuse musique à l'oreille qui les attend !

JULIETTE.- Roméo !

ROMÉO.- Ma douce amie !

JULIETTE.- A quelle heure demain matin enverrai-je vers toi ?

ROMÉO.- A neuf heures.

JULIETTE.- Je n'y manquerai pas: d'ici à ce moment il y a vingt années..... J'ai oublié pourquoi je t'ai rappelé.

ROMÉO.- Laisse-moi demeurer ici jusqu'à ce que tu t'en

souviennes.

JULIETTE.- Je l'oublierais pour te faire rester ici, et ne songerais qu'au plaisir que me fait ta présence.

ROMÉO.- Et moi je veux rester avec toi pour te faire tout oublier, et oublier moi-même toute autre demeure que celle-ci.

JULIETTE.- Le jour est prêt à poindre. Je voudrais que tu fusses parti; mais pas plus loin de moi que l'oiseau d'un enfant capricieux, qui le laisse sautiller à quelque distance de sa main, comme un pauvre prisonnier retenu dans sa chaîne entortillée, puis d'un coup de son fil de soie le retire vers lui, tant son amour lui plaint un moment de liberté.

ROMÉO.- Je voudrais être ton oiseau !

JULIETTE.- Je le voudrais aussi, mon doux ami; cependant je te ferais mourir à force de caresses.- Bonne nuit, bonne nuit ! Se quitter est un si doux chagrin, que je dirais bonne nuit jusqu'à ce qu'il fît jour.

(Elle sort.)

ROMÉO.- Que le sommeil descende sur tes yeux, et la paix dans ton coeur ! Que ne suis-je le sommeil et la paix, pour obtenir un si doux lieu de repos !- Je vais chercher dans sa cellule mon père spirituel pour implorer son assistance et lui apprendre mon heureuse chance.

(Il sort.)

SCÈNE III

La cellule de frère Laurence.

Entre FRÈRE LAURENCE avec un panier.

FRÈRE LAURENCE.- Le matin, de ses yeux grisâtres, sourit sur le front ténébreux de la nuit, rayant de traits de lumière les nuages de l'orient. La Nuit au teint vergeté s'éloigne, en chancelant comme un ivrogne, de la route du jour et des roues enflammées du char de Titan[36]. Maintenant, avant que le Soleil ait avancé sur l'horizon son oeil brûlant pour égayer le jour et sécher l'humide rosée de la nuit, il faut que je remplisse l'osier de cette corbeille d'herbes malfaisantes et de fleurs d'un suc précieux.- La terre, cette mère de la nature, est aussi son tombeau; et le sépulcre de la mort renferme aussi le germe de la vie. Nous trouvons des enfants de diverses sortes nés de ses flancs et nourris sur son sein maternel, nombre d'entre eux excellent en nombreuses vertus, aucun qui n'en possède quelques-unes, et cependant tous différents. Quelle abondance de puissants bienfaits sont déposés dans les plantes, les pierres, et dans leur véritable destination ! car il n'existe sur la terre rien de si méprisable que la terre n'en reçoive quelque bienfait spécial, et rien de si bon qui, s'il est détourné de ce légitime usage, infidèle à sa vraie source, ne se précipite dans l'abus. Mal appliquée, la vertu même se change en vice; et le vice est quelquefois purifié par l'action. Dans l'enveloppe naissante de cette petite fleur, le poison a établi son séjour, et la médecine sa puissance; offerte à l'odorat, elle le réveille et tous les sens à la fois; si on la goûte, elle paralyse en même temps les sens et le coeur. Ainsi, de même que dans les plantes, demeurent toujours en présence dans le sein de l'homme deux ennemis en lutte, la grâce et la volonté grossière; et là où domine le principe pervers, l'ulcère de la mort a bientôt dévoré le germe vital.

[Note 36: *From forth day's path way, and Titan's fiery wheels*. On a suivi la version des anciennes éditions adoptées par M. Malone, M. Steevens a préféré celle des éditions modernes: _From forth day's path way made by Titan's wheels, *parce que* from forth *signifiant* hors_, on peut s'écarter *hors du chemin*, et non pas *hors des roues*; mais de pareilles irrégularités ne sont pas rares dans Shakspeare, et la version la plus vraisemblable est toujours celle qui présente l'image la plus complète et la plus suivie dans ses détails et ses conséquences: ainsi la Nuit, représentée comme un ivrogne, doit, selon toute apparence, chercher à s'écarter des roues du char qui la poursuit.]

(Entre Roméo.)

ROMÉO.- Bonjour, père.

FRÈRE LAURENCE.- *Benedicite*.- Quelle voix matinale me salue avec tant de douceur ?- Jeune fils, cela indique une tête malade de dire sitôt bonjour à ton lit. Les soucis font sentinelle dans les yeux du vieillard; et, au lieu qu'habitent les soucis, le sommeil ne reposera plus. Mais le sommeil doré règne sur la couche où vient s'étendre la jeunesse, la tête libre et les membres exempts de douleur. Ainsi donc, c'est, je m'assure, quelque maladie qui t'a fait lever si matin; ou bien, devinai-je juste, et notre Roméo ne serait-il pas entré cette nuit dans son lit ?

ROMÉO.- Cette dernière conjecture est la vraie, et mon repos n'en a été que plus doux.

FRÈRE LAURENCE.- Dieu pardonne au péché ! Étais-tu avec Rosaline ?

ROMÉO.- Avec Rosaline ? Non, mon père spirituel: j'ai oublié ce nom, et les douleurs attachées à ce nom.

FRÈRE LAURENCE.- Tu es mon bon fils. Mais où donc as-tu été ?

ROMÉO.- Je te le dirai sans me le faire redemander. J'ai été à une fête chez mon ennemi, et là j'ai tout à coup reçu une blessure de quelqu'un que j'ai blessé. Notre guérison à tous deux dépend de tes secours et de ta sainte médecine; je ne ressens point de haine, saint homme, car tu le vois, je te prie également en faveur de mon ennemi.

FRÈRE LAURENCE.- Parle simplement, mon bon fils, et va au but sans détour: une confession vague ne reçoit qu'une absolution vague.

ROMÉO.- Sache donc clairement que la charmante fille du riche Capulet est l'objet de mes plus chères amours; et de même que je lui ai donné mon coeur, elle m'a donné le sien, et tout est conclu, sauf ce que tu dois conclure par un saint mariage. Quand, où, comment nous nous sommes vus, nous nous sommes parlés d'amour, nous avons échangé nos serments, c'est ce que je te dirai avec le temps; mais ce que je te demande, c'est de consentir à nous marier aujourd'hui.

FRÈRE LAURENCE.- Bienheureux saint François, quel changement est ceci ? Rosaline, que vous aimiez si chèrement, est-elle donc si promptement abandonnée ? L'amour des jeunes gens n'est pas véritablement dans le coeur, il n'est que dans les yeux. *Jésus Maria !* quelle abondance de larmes a lavé tes joues pâles pour Rosaline ! que d'eau salée prodiguée en vain pour assaisonner un amour que tu ne goûteras pas ! Le soleil n'a pas encore éclairci le ciel chargé de tes soupirs; tes gémissements passés résonnent encore à mon oreille vieillie; tiens, voilà encore sur ta joue la trace d'une ancienne larme que tu n'as pas effacée. Si jamais tu fus toi-même, si ces douleurs ont existé pour toi, toi et tes douleurs, tout était pour Rosaline, et tu es changé ! Prononce donc cet arrêt: il est permis aux femmes de faillir, puisque les hommes manquent de force.

ROMÉO.- Tu m'as souvent grondé d'aimer Rosaline.

FRÈRE LAURENCE.- D'idolâtrer, mon fils, non pas d'aimer.

ROMÉO.- Tu m'ordonnais d'ensevelir mon amour.

FRÈRE LAURENCE.- Non pas de mettre l'un en terre

pour en faire sortir un autre.

ROMÉO.- Je t'en prie, ne me gronde pas; celle que j'aime maintenant me rend bonheur pour bonheur, m'accorde amour pour amour; l'autre n'en usait pas ainsi.

FRÈRE LAURENCE.- Oh ! qu'elle savait bien que ton amour lisait par coeur, et ne savait pas épeler !- Viens, jeune inconstant, viens avec moi: un motif m'engage à te secourir. Peut-être cette alliance sera-t-elle assez heureuse pour changer en affection véritable la haine de vos deux familles.

ROMÉO.- Oh ! partons: je tiens à ce que nous nous hâtions au plus vite.

FRÈRE LAURENCE.- Sagement et lentement: qui court trébuche.

(Ils sortent.)

SCÈNE IV

Une rue de Vérone.

BENVOLIO, MERCUTIO.

MERCUTIO.- Où diable ce Roméo peut-il être ? N'est-il pas rentré chez lui cette nuit ?

BENVOLIO.- Il n'est pas rentré chez son père; j'ai parlé à son domestique.

MERCUTIO.- C'est toujours cette pâle cruelle, cette Rosaline, qui le tourmente tant que pour sûr il deviendra fou.

BENVOLIO.- Tybalt, le neveu du vieux Capulet, a envoyé une lettre à la maison de son père.

MERCUTIO.- C'est un cartel, sur ma vie.

BENVOLIO.- Roméo y répondra.

MERCUTIO.- Tout homme qui sait écrire peut répondre à une lettre.

BENVOLIO.- Mais il répondra à l'auteur de la lettre défi pour défi.

MERCUTIO.- Hélas ! le pauvre Roméo ! il est déjà mort; assassiné par les yeux noirs d'une fille blanche, l'oreille traversée d'un chant d'amour, le coeur percé au beau milieu par le trait du petit archer aveugle, est-ce là un homme en état de faire tête à Tybalt ?

BENVOLIO.- Quel homme est-ce donc que ce Tybalt ?

MERCUTIO.- Autre chose que le roi des chats[37], je vous en réponds; le plus fier champion de la courtoisie: il se bat comme vous chantez un air sur la note; il garde les temps, la mesure, les distances; il prend le repos d'une note noire, une, deux, et la troisième dans le corps; il vous perce à mort un bouton de soie. Un duelliste, un duelliste; un gentilhomme de la première main, ferme sur la première et la seconde cause[38]: *Ah ! la botte immortelle, le revers, le ha !*

[Note 37: On trouve dans de vieux contes un Tybalt, roi des chats.]

[Note 38: _A gentleman of the very first cause, of the first and second cause._ Il y avait des livres où étaient traitées les règles du point d'honneur, et les diverses causes de querelles, qu'on appelait la première, la seconde, la troisième cause.]

BENVOLIO.- Que veux-tu dire ?

MERCUTIO.- La peste soit de ces fats ridicules et prétentieux, avec leur grasseyement et leur manière de changer la prononciation. Par Jésus ! _une excellente lame ! un homme de fort belle taille ! une très-bonne créature[39] !_ N'est-ce pas, mon cher grand-père, une chose déplorable, que nous soyons affligés de ces insectes étrangers, ces colporteurs de nouvelles modes, ces *pardonnez-moi*, si attachés aux formes actuelles qu'ils ne sauraient plus se trouver à l'aise sur nos vieux bancs ? Ah ! leurs *os*, leurs os[40] !

[Note 39: *A very good whore.*]

[Note 40: O *their* bons ! *their* bons ! et dans l'ancienne édition *their bones ! their bones.* Il est clair que Mercutio veut jouer sur le mot *bones* (os) et sur le mot français *bon* employé par ceux qui prétendaient aux belles manières.]

(Entre Roméo.)

BENVOLIO.- Voici Roméo ! voici Roméo !

MERCUTIO.- Tout évidé comme un hareng sec. Oh ! chair, chair, comme tu ressembles à du poisson ! Le voilà pour toute nourriture aux vers qui coulaient de la veine de Pétrarque; mais auprès de sa dame, Laure n'était qu'une servante de cuisine, quoiqu'elle eût un amoureux plus habile à rimer pour elle; Didon n'était qu'une dondon; Cléopâtre qu'une Égyptienne; Hélène et Héro, des créatures, des courtisanes; Thisbé un oeil gris ou quelque chose comme cela. Mais ce n'est pas de cela qu'il s'agit.- Seigneur Roméo, *bonjour*: voilà un salut à la française en l'honneur de vos hauts-de-chausses français. Vous nous avez joliment donné le change hier au soir.

ROMÉO.- Bonjour, vous deux. Comment vous ai-je donné le change[41] ?

[Note 41: *The slip, sir, slip.* Jeu de mots qui roule sur *the slip*, qui veut dire s'échapper, et est aussi le nom d'une pièce de monnaie souvent fausse *(counterfeit.)*]

MERCUTIO.- Une escapade, une escapade, mon cher. Vous ne comprenez pas.

ROMÉO.- Pardon, cher Mercutio, j'étais fort occupé; et, dans ma position, il est permis de faillir à quelques révérences[42].

[Note 42: ROMÉO._- Pardon, good Mercutio, my

business was great; and in such case as mine, a man may strain courtesy._

MERCUTIO.- _That's as much as to say- such a case as yours constrains a man to bow in the hams._

ROMÉO.- *Meaning to courtesy.*

MERCUTIO.- *Thou hast most kindly hit it.*

ROMÉO.- *A most courteous exposition.*

MERCUTIO.- *Nay, I am the very pink of courtesy.*

ROMÉO.- *Pink for flower.*

MERCUTIO.- *Right.*

ROMÉO- *Why, then is my pump well flowered.*

MERCUTIO.- _Well said: follow me this jest now, till thou hast worn thy pump; that, when the single sole of it is worn, the jest may remain, after the wearing, solely singular._

ROMÉO.- *O single-soled jest, solely singular for the singleness !*

MERCUTIO.- *Come between us, good Benvolio; my wits fail.*

ROMÉO.- *Switch and spurs, switch and spurs, or I'll cry a match.*

MERCUTIO.- _Nay, if thy wits run the wild goose chace, I have done, for thou hast more of the wild goose in one of thy wits, than, I am sure, I have in my whole five: Was I with you there for the goose ?_

ROMÉO.- _Thou wast never with me for anything, when thou wast not there for the goose._

MERCUTIO.- *I will bite thee by thee ear for that jest.*

ROMÉO.- *Nay, good goose, bite not.*

MERCUTIO.- _Thy wit is a very bitter sweeting; it is a most sharp sauce._

ROMÉO.- *And is it not well served in to a sweet goose ?*

MERCUTIO.- O, _here's a wit of cheverel, that stretches from an inch narrow to an ell broad !_

ROMÉO.- _I stretch it out for that word- broad: which added to the goose, proves thee far and wide a broad goose._

Il a fallu, en traduisant, se contenter de l'à peu près, la liberté de quelques-unes des plaisanteries, et la puérile recherche de jeux de mots qui fait le sel de presque toutes, les rendant impossibles à traduire exactement.

La première de ces plaisanteries porte sur le mot *courtesy*, qui signifie *révérence* et *politesse.*

Pour entendre la seconde, il faut savoir que les danseurs portaient des souliers brodés en fleurs ou attachés avec des rubans en forme de fleurs.

La chasse *de l'oie sauvage* fait allusion à une espèce de course de chevaux qu'on nommait ainsi, et qui consistait à attacher deux chevaux ensemble avec une longe: celui qui gagnait les devants obligeait l'autre à le suivre partout où il lui plaisait; et, lorsque l'un des deux coureurs avait mis son compagnon dans l'impossibilité de le suivre, il était regardé comme vainqueur.]

MERCUTIO.- C'est comme si vous disiez qu'un homme dans votre position est obligé de fléchir du jarret.

ROMÉO.- Vous voulez dire faire la révérence.

MERCUTIO.- Tu as très-obligeamment deviné.

ROMÉO.- C'est là une explication fort polie.

MERCUTIO.- Oh ! je me pique de politesse.

ROMÉO.- Tu en es la fleur.

MERCUTIO.- Assurément.

ROMÉO.- La fleur de chardon qui se pique à mes souliers.

MERCUTIO.- Bien répondu. Maintenant c'est une pointe qu'il te faut suivre jusqu'à ce que tes souliers soient usés, parce qu'au moins, quand les souliers seront partis de la semelle, il t'en restera la pointe qui sera seule de son espèce.

ROMÉO.- Tu conviendras qu'elle est boiteuse, celle-là: tout son mérite, c'est de n'avoir pas sa pareille.

MERCUTIO.- Benvolio, viens nous séparer; mon esprit est rendu.

ROMÉO.- Donne du fouet et de l'éperon, du fouet et de l'éperon, ou je demande un autre coureur.

MERCUTIO.- Oh ! ma foi, si tu cours la chasse de l'oie sauvage, j'ai fini, car tu tiens plus de l'oie sauvage dans un seul de tes sens, que moi, j'en suis sûr, dans tous les cinq.- Est-ce donc la course de l'oie que je faisais avec vous ?

ROMÉO.- Je ne t'ai jamais vu avec moi nulle part que ce ne fût pour faire l'oie.

MERCUTIO.- Je vais te mordre l'oreille pour cette mauvaise plaisanterie.

ROMÉO.- Non, bonne oie, ne mords pas.

MERCUTIO.- C'est ton esprit qui a du mordant; il fait la sauce un peu âpre.

ROMÉO.- Il n'en vaut que mieux pour une oie douce.

MERCUTIO.- Oh ! pour celui-là, il prête comme une peau de chevreuil, de la largeur d'un pouce à la longueur d'une demi-toise.

ROMÉO.- Ce qui veut dire qu'en long et en large tu n'es autre chose qu'une grosse oie.

MERCUTIO.- Eh bien, ceci ne vaut-il pas mieux que de gémir d'amour ? Te voilà sociable maintenant, te voilà Roméo; te voilà tel que tu es par éducation et par nature; car cet imbécile d'Amour ressemble à un grand nigaud qui court niaisement çà et là pour trouver où cacher sa marotte dans un trou[43].

[Note 43: *That runs lolling up and down to hide his bauble in a hole.*]

BENVOLIO.- Allons, allons, ne va pas plus loin.

MERCUTIO.- Ne voilà-t-il pas que tu me coupes la parole au beau milieu de l'histoire ?

ROMÉO.- Tu allais l'étendre à n'en pas finir.

MERCUTIO.- Oh ! tu te trompes, j'aurais été fort court; j'avais traité la matière à fond, et ne prétendais pas occuper le tapis plus longtemps.

(Entrent la nourrice et Pierre.)

ROMÉO.- Voilà une bonne figure.

MERCUTIO.- Une voile ! une voile ! une voile !

BENVOLIO.- Il y en a bien deux, une jupe et un caleçon[44].

[Note 44: *A shirt and a smock,* une chemise de femme et une chemise d'homme.]

LA NOURRICE.- Pierre !

PIERRE.- Me voilà !

LA NOURRICE.- Pierre, mon éventail.

MERCUTIO.- Je t'en prie, donne-le-lui, Pierre, pour cacher son visage: son éventail est le plus beau des deux.

LA NOURRICE.- Dieu vous donne le bonjour, cavaliers.

MERCUTIO.- Dieu vous donne le bonsoir[45], belle dame.

[Note 45: *God ye good den, fair gentlewoman.*

NURS.- *Is it good den ?*

MERC.- _It is no less, I tell you, for the hand of the dial is now upon the first of noon; good den *s'employait quelquefois pour* goodeven_ (bonsoir).]

LA NOURRICE.- Sommes-nous déjà au soir ?

MERCUTIO.- Assurément; la main impudente du cadran est sur le point de midi.

LA NOURRICE.- Ôtez-vous de mon chemin. Quel homme êtes-vous donc ?

ROMÉO.- Un homme, ma bonne, ma bonne dame, que Dieu a créé pour se faire tort à lui-même.

LA NOURRICE.- Bien dit, par ma foi.- Pour se faire tort à lui-même, dit-il ?- Cavaliers, quelqu'un de vous saura-t-il me dire où je pourrais trouver le jeune Roméo ?

ROMÉO.- Je puis vous le dire; mais je vous préviens que le jeune Roméo sera plus vieux quand vous l'aurez trouvé qu'il ne l'était quand vous vous êtes mise à le chercher. Je suis le plus jeune du nom, faute de pis.

LA NOURRICE.- Vous dites fort bien.

MERCUTIO.- Quoi, le pis est bien ? C'est le bien prendre, ma foi, sagement, sagement.

LA NOURRICE.- Si vous êtes Roméo, seigneur, je voudrais vous entretenir un instant en particulier.

BENVOLIO.- Elle veut l'inviter à quelque souper.

MERCUTIO.- Une entremetteuse ! une entremetteuse ! une entremetteuse[46] ! holà, hé !

[Note 46: *So ho !* Cri des chasseurs quand ils ont fait lever le lièvre.]

ROMÉO.- Qu'as-tu donc trouvé ?

MERCUTIO.- Ce n'est pas un lièvre, mon cher, à moins que ce ne soit un lièvre dans un pâté de carême, quelque peu passé et moisi avant qu'on puisse le finir.

Un vieux lièvre moisi Et un vieux lièvre moisi Est un très-beau plat pour le carême; Mais dans un lièvre moisi Il y a trop à manger pour vingt personnes S'il est moisi avant d'être fini.

Roméo, rentrez-vous chez votre père ? Nous y dînerons.

ROMÉO.- Je vais vous suivre.

MERCUTIO.- Adieu, vieille madame; adieu, madame, madame, madame[47].

[Note 47: *Ladies, ladies, ladies,* refrain d'une vieille chanson.]

(Mercutio et Benvolio sortent.)

LA NOURRICE.- Adieu, de tout mon coeur.- Qu'est-ce donc, s'il vous plaît, seigneur, que ce marchand d'insolences qui était si plein de ses sottises ?

ROMÉO.- C'est un homme, nourrice, qui aime à s'entendre parler, et qui en dit plus en une minute qu'il n'en fait en un mois.

LA NOURRICE.- S'il s'avise de rien dire contre moi, je le ferai bien taire, voyez-vous, fût-il plus fort qu'il ne l'est, lui et vingt gamins de son espèce; et, si je ne pouvais pas, je trouverais bien qui m'aiderait. Vilain polisson ! Je ne suis pas de ses coureuses, moi, je ne suis pas de ses camarades de couteau.- Et toi aussi, il faut que tu te tiennes là et que tu laisses le premier polisson user de moi à son plaisir !

PIERRE.- Je n'ai vu personne user de vous à son plaisir; si je l'avais vu, mon épée aurait été bientôt dehors, je vous en réponds; je dégaine aussi vite qu'un autre quand je vois l'occasion d'une bonne querelle et que j'ai la loi de mon côté.

LA NOURRICE.- En vérité, je le dis devant Dieu, je suis si en colère que je tremble de tous mes membres. Vilain polisson !- Seigneur, un mot, je vous prie. Comme je vous l'ai dit, ma jeune maîtresse m'a envoyée vous chercher: ce qu'elle m'a chargée de vous dire je le garderai pour moi. Mais laissez-moi vous dire d'abord que si vous aviez l'intention de la mener dans le paradis des fous, comme on dit, ce serait un bien vilain procédé, comme on dit; car la demoiselle est jeune, et par conséquent si vous étiez double avec elle, ce serait une chose qui n'est pas à faire vis-à-vis d'une jeune demoiselle, et une conduite fort méprisable.

ROMÉO.- Nourrice, recommande-moi à ta dame et maîtresse. Je te proteste...

LA NOURRICE.- Bon coeur ! oui, ma foi, je lui dirai tout cela. Seigneur, seigneur ! qu'elle va être une femme contente !

ROMÉO.- Que lui diras-tu, nourrice ? Tu ne m'écoutes pas.

LA NOURRICE.- Je lui dirai, seigneur, que vous *protestez*; et c'est là, je le vois bien, parler en gentilhomme[48].

[Note 48: *Je vous proteste* était, à ce qu'il paraît, une des locutions françaises les plus indispensables à un homme du bel air.]

ROMÉO.- Dis-lui de trouver quelque prétexte pour aller à confesse cette après-midi; elle viendra à la cellule de frère Laurence, qui la confessera et la mariera. Voilà pour ta peine.

LA NOURRICE.- Non, en vérité, seigneur, pas une obole.

ROMÉO.- Allez, allez, je vous dis que vous l'accepterez.

LA NOURRICE.- Cette après-midi, seigneur ? Bien, elle s'y trouvera.

ROMÉO.- Et toi, bonne nourrice, va attendre derrière le mur de l'abbaye; avant une heure mon domestique t'y rejoindra et te portera des cordes tressées en échelle, qui, dans le mystérieux silence de la nuit, m'élèveront au dernier degré du plus glorieux bonheur. Adieu, sois fidèle, et je reconnaîtrai tes soins. Adieu ! recommande-moi à ta maîtresse.

LA NOURRICE.- Que le Dieu du ciel vous bénisse !- Un mot, seigneur.

ROMÉO.- Que me veux-tu, chère nourrice ?

LA NOURRICE.- Votre domestique est-il discret ? Vous avez peut-être ouï dire que deux personnes peuvent garder un secret quand on en a mis une à la porte ?

ROMÉO.- Je te garantis mon domestique fidèle comme l'acier.

LA NOURRICE.- Bien, seigneur. Ma maîtresse est la plus douce créature..... Oh ! seigneur, seigneur, lorsqu'elle était encore une petite babillarde...- Il y a dans la ville un noble cavalier, un certain Pâris qui voudrait bien en tâter; mais elle, la bonne âme, aimerait autant voir un crapaud, oui, un crapaud, que de le voir. Pour la mettre en colère, je lui dis quelquefois que Pâris est le plus joli garçon des deux; mais je vous réponds que, quand je lui dis cela, elle devient aussi blanche que quelque linge qui soit au monde.- *Romarin* et *Roméo* ne commencent-ils pas tous deux par la même lettre[49] ?

[Note 49: Le romarin était un emblème de fidélité, mais l'R s'appelait la lettre de chien, parce qu'ils paraissent la prononcer dès qu'ils commencent à montrer les dents, et la nourrice, qui ne sait pas lire, croit que Roméo veut se

moquer d'elle en lui disant que son nom commence par
un R.]

ROMÉO.- Oui, nourrice; pourquoi ? Tous deux
commencent par un R.

LA NOURRICE.- Ah ! moqueur que vous êtes ! c'est le
nom du chien. R est pour le chien. Non, cela commence
par une autre lettre, je le sais bien, et elle a fait de ça la
plus jolie petite versification de vous et de *Romarin*, ça
vous ferait plaisir à entendre.

ROMÉO.- Parle de moi à ta maîtresse.

LA NOURRICE.- Oui, mille et mille fois. Pierre !

(Roméo sort.)

PIERRE.- Me voilà.

LA NOURRICE.- Prends mon éventail et marche devant.

(Ils sortent.)

SCÈNE V

Le jardin de Capulet.

JULIETTE.

JULIETTE.- Neuf heures sonnaient quand j'ai envoyé la

nourrice: elle m'avait promis qu'elle serait de retour au bout d'une demi-heure; peut-être n'aura-t-elle pu le trouver. Non, ce n'est pas cela.- Oh ! elle est boiteuse ! La messagère de l'Amour devrait être la pensée, dix fois plus rapide que les rayons du soleil lorsqu'ils chassent les ombres des sombres collines. Aussi l'Amour est-il traîné par des colombes aux ailes agiles; aussi, prompt comme le vent, Cupidon porte-t-il des ailes.- Déjà le soleil arrive au point le plus élevé de sa course journalière, et depuis neuf heures jusqu'à midi il s'est écoulé trois longues heures, et cependant elle ne revient pas. Si elle avait les affections et le sang brûlant de la jeunesse, son mouvement serait aussi prompt que celui d'une balle; d'un mot je la ferais bondir vers mon tendre amant, et un mot de lui me la renverrait. Mais ces vieilles gens, il semble qu'ils soient morts; on ne saurait les remuer; ils sont d'une lenteur ! lourds et pâles comme le plomb ! (*Entrent la nourrice et Pierre.*)- O Dieu ! la voilà qui revient. O ma douce nourrice ! quelle nouvelle ? l'as-tu vu ? L'as-tu trouvé ? Renvoie ton valet.

LA NOURRICE.- Pierre, restez à la porte.

JULIETTE.- Eh bien, bonne, chère nourrice ?- O Dieu ! pourquoi cet air triste ? Eusses-tu de mauvaises nouvelles, annonce-les moi gaiement; si elles sont bonnes, c'est faire honte à la musique des douces nouvelles que de me les dire sur un air si discordant.

LA NOURRICE.- Je suis fatiguée; laissez-moi me rcposer un moment. Fi donc ! comme les os me font mal ! Ai-je assez couru !

JULIETTE.- Je voudrais que tu eusses mes os et moi tes nouvelles..... Je t'en prie, allons, parle; bonne, bonne nourrice, parle.

LA NOURRICE.- Jésus ! que vous êtes pressée ! ne pouvez-vous pas attendre un instant ? Ne voyez-vous pas que je suis hors d'haleine ?

JULIETTE.- Comment peux-tu être hors d'haleine, puisque tu en as assez pour me dire que tu es hors d'haleine ? Les raisons que tu me donnes pour me faire attendre sont plus longues que le récit que tu me refuses. Tes nouvelles sont-elles bonnes ou mauvaises ? Réponds à cela *oui* ou *non*, et après j'attendrai patiemment les détails. Contente-moi; sont-elles bonnes ou mauvaises ?

LA NOURRICE.- Eh bien ! vous avez fait le choix d'une sotte; vous n'entendez rien à choisir un homme. Roméo ! Non, ce n'est pas ça.- Quoiqu'il soit plus beau de visage que personne, malgré cela, il a la jambe mieux faite que tous les autres. Pour la main, le pied, la taille, il n'en faut pas parler; cependant ça n'a pas son pareil. Il n'est pas la fleur de la politesse !... non ! mais, j'en réponds, il a la douceur d'un agneau. Va ton chemin, jeune fille, et sers Dieu.- Comment ! est-ce qu'on a dîné ici ?

JULIETTE.- Non, non, mais je savais déjà tout cela. Que dit-il de notre mariage ? qu'en dit-il ?

LA NOURRICE.- Ah Dieu ! que la tête me fait mal ! Quelle tête j'ai ! elle me bat comme si elle allait se fendre en mille pièces; et mon dos, de l'autre côté ! oh ! le dos !

le dos ! Vous devriez vous maudire d'avoir eu le coeur de m'envoyer comme cela me tuer à courir de tous côtés.

JULIETTE.- En vérité, je suis bien fâchée de te voir souffrir. Chère, chère, chère nourrice, réponds; que dit mon amant ?

LA NOURRICE.- Votre amant parle comme un honnête gentilhomme, poli, obligeant, gracieux, et, j'en réponds, plein de vertu.- Où est votre mère ?

JULIETTE.- Où est ma mère ? Eh bien ! elle est là dedans. Où veux-tu qu'elle soit ? Que tu me réponds singulièrement ! _Votre amant parle comme un honnête gentilhomme... Où est votre mère ?_

LA NOURRICE.- Oh ! bonne sainte Vierge ! est-ce que le feu y est ? Ma foi ! comme vous voudrez; si c'est là l'emplâtre que vous mettez sur mes os malades, vous pourrez dorénavant faire vos commissions vous-même.

JULIETTE.- Est-ce donc la peine de se fâcher ainsi ? Allons ! que dit Roméo ?

LA NOURRICE.- Avez-vous obtenu la permission d'aller à confesse aujourd'hui ?

JULIETTE.- Oui.

LA NOURRICE.- Eh bien ! dépêchez-vous de vous rendre à la cellule du père Laurence; il y a là un mari qui va vous rendre femme. A présent, voilà le sang léger qui vous monte aux joues: elles deviennent écarlates à la moindre nouvelle. Dépêchez-vous d'aller *à* l'église; moi, il faut que j'aille d'un autre côté chercher une échelle au moyen de laquelle votre amant grimpera aussitôt qu'il fera nuit, pour vous dénicher un oiseau. J'ai toute la peine, et je travaille pour votre plaisir; mais bientôt, ce soir, vous aurez votre part du fardeau. Allez, je vais dîner; dépêchez-vous de vous rendre à la cellule.

JULIETTE.- De voler au plus beau sort.- Excellente nourrice, adieu.

(Elles sortent.)

SCÈNE VI

La cellule du frère Laurence.

Entrent FRÈRE LAURENCE et ROMÉO.

FRÈRE LAURENCE.- Veuille le ciel, souriant à notre cérémonie sainte, ne pas envoyer le chagrin nous la reprocher dans les heures à venir !

ROMÉO.- *Amen, amen.* Mais viennent les chagrins qui pourront, ils ne suffiront pas à payer le bonheur que me donne un seul et court instant de sa vue. Unissez seulement nos mains au son des paroles sacrées, et qu'ensuite la mort, qui dévore l'amour, fasse tout ce qu'elle peut oser; c'en est assez pour moi d'avoir pu la nommer mienne.

FRÈRE LAURENCE.- Ces violents transports ont une fin violente au milieu de leur triomphe, comme la poudre et le feu, que le même instant voit s'unir et s'épuiser. Le miel le plus doux rassasie par sa délicieuse saveur, et dans les plaisirs du goût s'éteint l'appétit. Aimez donc avec modération; ainsi font les longues amours: qui va trop vite arrive aussi tard que qui va trop lentement. *(Entre Juliette.)-* Voici la dame. Oh ! un pied si léger n'usera jamais ces pierres inaltérables. Un amant monterait à cheval sur ces fils qui l'été flottent dans le vague de l'air, qu'il ne tomberait point à terre, tant sont légères les vanités de ce monde.

JULIETTE.- Je souhaite le bonjour à mon vénérable confesseur.

FRÈRE LAURENCE.- Roméo, ma fille, te remerciera pour nous deux.

JULIETTE.- Je lui en souhaite autant à lui-même, sans quoi ses remerciements seraient un prix trop élevé.

ROMÉO.- Ah ! Juliette, si la mesure de ta joie est comblée comme la mienne, et que tu aies plus de talent pour la peindre, parfume de ton haleine l'air qui nous environne, et que la brillante harmonie de ta voix déploie les images du bonheur que nous recevons l'un de l'autre en une si chère entrevue.

JULIETTE.- Il est des pensées qui sont plus riches de fond que de paroles, et qui se sentent dc leur trésor et non de leur parure. Ils sont dans la misère ceux qui peuvent calculer ce qu'ils possèdent. Mais tel est l'excès de fortune où s'est élevé mon sincère amour, que je ne saurais compter seulement jusqu'à moitié la valeur de mes richesses.

FRÈRE LAURENCE.- Allons, allons, venez avec moi, et nous aurons bientôt fait; car, avec votre permission, vous ne resterez pas seuls jusqu'à ce que la sainte Église ait fait de vous deux une seule chair.

(Ils sortent.)

FIN DU DEUXIÈME ACTE.

ACTE TROISIÈME

SCÈNE I

Un lieu public.

Entrent BENVOLIO, MERCUTIO, UN PAGE *et des* VALETS.

BENVOLIO.- Je t'en prie, cher Mercutio, retirons-nous. Le jour est brûlant, les Capulet sont dehors, si nous venons à les rencontrer, jamais nous n'éviterons une querelle, car dans ces chaleurs où nous sommes le sang bouillonne avec furie[50].

[Note 50: _In the warm time the people for the most part

be more unruly._

P. Smith, *Commonwealth of England.*]

MERCUTIO.- Tu ressembles à ces hommes qui, en entrant dans une taverne, vous campent leur épée sur la table en disant: «Dieu me fasse la grâce de n'avoir pas besoin de toi,» et qui n'ont pas plutôt senti l'effet du second verre de vin qu'ils la tirent contre le cabaretier, lorsqu'il n'y en a réellement aucun besoin.

BENVOLIO.- Moi ! je ressemble à ces gens-là ?

MERCUTIO.- Allons, allons, tu es dans ton espèce un gaillard aussi bouillant que personne en Italie, aussi prompt à t'emporter et aussi emporté dans ta promptitude.

BENVOLIO.- Et à quoi revient ceci ?

MERCUTIO.- C'est que, s'il y en avait deux comme toi, bientôt nous ne les aurions plus, car ils se tueraient l'un l'autre. Toi, tu te prendrais de querelle avec un homme pour un poil de plus ou de moins à la barbe; tu te prendrais de querelle avec un homme parce qu'il casserait des noisettes, sans autre raison, si ce n'est que tu as les yeux couleur de noisette. Quel autre oeil qu'un oeil ainsi fait pourrait découvrir un pareil sujet de querelle ? Ta tête est pleine de querelles, comme l'oeuf est plein de nourriture; cependant elle a été rendue, à force de querelles et de coups, aussi vide qu'un oeuf éclos. N'as-tu pas cherché dispute à un homme sur ce qu'il toussait dans la rue, parce que cela éveillait ton chien qui dormait au soleil; à un tailleur, parce qu'il portait son habit neuf avant les fêtes de Pâques; à un autre encore, parce qu'un vieux ruban nouait ses souliers neufs ? Et tu veux me faire la leçon pour m'empêcher de quereller ?

BENVOLIO.- Si j'étais aussi querelleur que toi, le premier que je rencontrerais pourrait acheter le revenu de toute ma vie pour le prix d'une heure et quart.

MERCUTIO.- De toute ta vie, imbécile[51] !

[Note 51: *The fee simple of my life* ! BENV.

The fee simple; oh ! simple, MERCUT.

Ce jeu de mots de Mercutio a été impossible à rendre.]

(Entrent Tybalt et plusieurs autres.)

BENVOLIO.- Par mon chef, voici venir les Capulet.

MERCUTIO.- Par mon talon, je m'en moque.

TYBALT.- Tenez-vous près de moi, je veux leur parler.- Cavaliers, bonsoir; un mot avec un de vous.

MERCUTIO.- Rien qu'un seul mot avec un de nous ? Accouplez quelque chose avec, que cela fasse un mot et un coup.

TYBALT.- Vous m'y trouverez assez disposé, mon

gentilhomme, pour peu que vous m'en donniez l'occasion.

MERCUTIO.- Ne pouvez-vous prendre l'occasion sans qu'on vous la donne ?

TYBALT.- Mercutio, tu es de concert avec Roméo.

MERCUTIO.- De concert ? Comment ! nous prend-il pour des ménétriers, c'est que si nous étions des ménétriers, faites attention que vous ne nous trouveriez pas d'accord avec vous. Voilà mon archet, voilà qui vous fera danser. Corbleu, de concert !

BENVOLIO.- Nous parlons ici dans un lieu fréquenté de tout le monde: ou retirons-nous en quelque lieu écarté, ou raisonnez tranquillement sur vos griefs, ou bien allons-nous-en; tous les yeux se fixent sur nous.

MERCUTIO.- Les hommes ont des yeux pour regarder. Qu'ils nous regardent, si cela leur plaît; pour moi, je ne bouge pas d'ici pour faire plaisir à qui que ce soit.

(Entre Roméo.)

TYBALT.- Eh bien ! la paix soit avec vous, cavalier. J'aperçois mon homme.

MERCUTIO.- Que je sois pendu pourtant, mon gentilhomme, s'il porte votre livrée. Par ma foi, vous pouvez marcher devant sur le pré, il vous y suivra; et dans ce sens votre seigneurie peut dire qu'elle a trouvé son homme.

TYBALT.- Roméo, la haine que je te porte ne me permet pas un mot plus doux: tu es un traître.

ROMÉO.- Tybalt, les raisons que j'ai de t'aimer me font pardonner à la fureur qu'annonce un pareil salut. Je ne suis point un traître: ainsi donc, adieu, je vois que tu ne me connais pas.

TYBALT.- Jeune homme, cela ne répare point les outrages que tu m'as faits: ainsi reviens et mets l'épée à la main.

ROMÉO.- Je proteste que je ne t'ai jamais offensé, et que je t'aime plus que tu ne saurais le penser jusqu'à ce que tu connaisses les motifs de mon affection. Ainsi, brave Capulet, dont le nom m'est aussi cher que le mien, accepte cette satisfaction.

MERCUTIO.- Oh ! lâche sang-froid ! déshonorante soumission !- _A la stoccata_, pour effacer cela. Tybalt, le preneur de rats, voulez-vous faire un tour avec moi ?

TYBALT.- Que veux-tu de moi ?

MERCUTIO.- Bon roi des chats, rien du tout qu'une de vos neuf vies, afin d'en faire ce qu'il me plaira; et ensuite, selon que vous en userez à mon égard, je pourrai bien battre à plat les huit autres. Veuillez donc prendre votre épée par les oreilles pour la faire sortir de son étui, et dépêchez-vous; ou bien, avant qu'elle soit dehors, la mienne sera sur vos oreilles.

TYBALT, *tirant l'épée.* - Je suis à vous.

ROMÉO.- Cher Mercutio, remets ton épée.

MERCUTIO.- Allons, mon gentilhomme, votre passade.

(Il se battent.)

ROMÉO.- Tire ton épée, Benvolio, désarmons-les.- Gentilshommes, c'est une honte: ne tombez pas dans une pareille désobéissance.- Tybalt, Mercutio, le prince a expressément défendu toute querelle dans les rues de Vérone.- Tybalt, arrêtez.- Cher Mercutio.....

(Sortent Tybalt et ses partisans.)

MERCUTIO.- Je suis blessé ! Malédiction sur les deux maisons ! me voilà expédié !- Est-ce qu'il est parti, et sans rien avoir ?

BENVOLIO.- Quoi, tu es blessé ?

MERCUTIO.- Oui, oui, une égratignure: par ma foi, c'est assez. Où est mon page ?- Drôle, va chercher un chirurgien.

(Le page sort.)

ROMÉO.- Prends ton courage, ami, ta blessure ne peut

être grave.

MERCUTIO.- Non, elle n'est pas aussi profonde qu'un puits, ni aussi large que la porte d'une église; mais c'en est assez, elle suffira. Venez me voir demain matin, et vous me trouverez tombé[52] dans le sérieux. Je suis poivré, j'en réponds, du moins pour ce monde-ci. Malédiction sur vos deux maisons ! Corbleu ! un chien, un rat, une souris, un chat, égratigner un homme à mort ! un bravache, un faquin, un traître, qui ne combat que par règles d'arithmétique ! pourquoi diable êtes-vous venu vous jeter entre nous deux ? J'ai reçu le coup par-dessous votre bras.

[Note 52: *A grave man*, un homme grave et un homme bon pour le tombeau.]

ROMÉO.- Je faisais pour le mieux.

MERCUTIO.- Aidez-moi, Benvolio, à entrer dans quelque maison voisine, ou bien je vais m'évanouir. Malédiction sur vos deux maisons ! elles ont fait de moi une pâture à vers. Oh ! j'ai la botte et bien à fond. Ah ! vos deux maisons !

(Mercutio et Benvolio sortent.)

ROMÉO.- C'est pour moi que ce gentilhomme, le proche parent du prince, mon intime ami, a reçu cette blessure mortelle: ma réputation est entachée par l'affront que m'a fait Tybalt; Tybalt, mon parent depuis une heure ! O chère Juliette ! ta beauté a fait de moi un homme efféminé, elle a amolli la trempe vigoureuse de mon courage.

(Entre Benvolio.)

BENVOLIO.- O Roméo, Roméo ! le brave Mercutio est mort: cette âme généreuse, dédaignant trop tôt la terre, s'est élevée vers les nuages.

ROMÉO.- Les noires destinées de ce jour vont s'étendre sur des jours nombreux: celui-ci commence seulement les malheurs, d'autres les finiront.

(Rentre Tybalt.)

BENVOLIO.- Voici le furieux Tybalt qui revient.

ROMÉO.- Vivant, triomphant, et Mercutio est tué ! Retourne dans les cieux, prudente douceur, et toi, fureur à l'oeil enflammé, sois maintenant mon guide.- A présent, Tybalt, reprends pour toi ce nom de traître que tu me donnais tout à l'heure: l'âme de Mercutio, arrêtée à peu de distance au-dessus de nos têtes, attend que la tienne vienne lui tenir compagnie. Il faut que toi ou moi, ou tous les deux, nous allions le rejoindre.

TYBALT.- C'est toi, qui étais ici-bas de son parti, misérable enfant, qui dois l'aller trouver.

ROMÉO.- Voici qui en décidera.

(Ils se battent. Tybalt tombe.)

BENVOLIO.- Fuis, Roméo; va-t'en: les citoyens sont en alarme, et Tybalt est tué. Ne reste point ainsi dans la stupeur. Le prince va te condamner à mort si tu es pris. Fuis, sauve-toi, va-t'en.

ROMÉO.- Oh ! je suis le jouet de la fortune[53].

[Note 53: *I am fortune's fool.*]

BENVOLIO.- Pourquoi es-tu encore ici ?

(Roméo sort.)

(Entrent des citoyens, etc.)

UN CITOYEN.- Par quelle rue s'est-il enfui, celui qui a tué Mercutio ? Tybalt, cet assassin, par où s'est-il sauvé ?

BENVOLIO.- Le voilà étendu là, ce Tybalt.

LE CITOYEN.- Levez-vous, seigneur, suivez-moi, je vous somme au nom du prince; obéissez.

(Entrent le prince et sa suite, Montaigu, Capulet, leurs femmes et autres personnages.)

LE PRINCE.- Où sont les vils auteurs de ce tumulte ?

BENVOLIO.- Noble prince, je puis raconter toutes les malheureuses circonstances de cette fatale querelle. Voilà celui que le jeune Roméo a tué, et qui avait tué ton parent le brave Mercutio.

LA SIGNORA CAPULET.- Tybalt ! mon neveu ! ô fils de mon frère ! Cruelle vue ! hélas ! le sang de mon cher neveu tout répandu !- Prince, si tu es juste, pour notre sang, le sang des Montaigu doit être versé.- Mon neveu, mon neveu !

LE PRINCE.- Benvolio, qui a commencé cette rixe sanglante ?

BENVOLIO.- Tybalt, que vous voyez ici tué de la main de Roméo. Roméo lui a parlé raisonnablement; il l'a prié de considérer combien la querelle était légère; il lui a représenté en outre quel serait votre courroux. Tout cela dit d'un ton plein de douceur, d'un regard tranquille, et même dans l'humble attitude d'un suppliant, n'a pu faire trêve à la violence désordonnée de Tybalt, qui, sourd aux paroles de paix, tourne la pointe de son épée contre le sein du brave Mercutio: celui-ci, tout aussi bouillant que lui, engage le fer homicide contre le fer, et, avec un dédain martial, d'une main écarte la froide mort, et de l'autre la renvoie à Tybalt, qui par son adresse la repousse vers lui. Roméo crie de toutes ses forces: «Arrêtez, amis; séparez-vous;» et d'un bras plus prompt que sa parole, il abaisse leurs pointes meurtrières et se précipite entre eux deux: mais un coup cruel de Tybalt se fait jour par-dessous le bras de Roméo, et atteint aux sources de la vie l'intrépide Mercutio. Alors Tybalt se sauve; mais quelques moments après il revient vers Roméo, chez qui venait de naître le désir de la vengeance: tous deux y courent comme la foudre; car avant que j'eusse eu le temps de tirer mon épée pour les séparer, le courageux Tybalt était tué. Roméo l'ayant vu tomber a pris la fuite. Voilà la vérité, ou Benvolio consent à mourir.

LA SIGNORA CAPULET.- Il est parent des Montaigu; l'affection le rend imposteur: il ne dit pas la vérité. Près de vingt d'entre eux ont combattu dans cette odieuse rencontre, et les vingt ensemble n'ont pu tuer qu'un seul homme. Je demande justice; et toi, prince, tu nous la dois: Roméo a tué Tybalt; Roméo ne doit plus vivre.

LE PRINCE.- Roméo a tué Tybalt, mais Tybalt a tué Mercutio: qui de vous payera le prix d'un sang si cher ?

LA SIGNORA MONTAIGU.- Ce n'est pas Roméo, prince; il était l'ami de Mercutio: sa faute a seulement terminé la vie de Tybalt, comme l'aurait fait la loi.

LE PRINCE.- Et pour cette offense, nous l'exilons sur l'heure. Je suis intéressé dans l'effet de vos haines: mon sang coule ici pour vos querelles féroces; mais je saurai vous imposer une si forte amende que je vous ferai tous repentir de mes pertes. Je serai sourd à toute défense et à toute excuse; ni larmes ni prières ne pourront racheter de pareils délits: ne songez donc point à en faire usage. Que Roméo quitte ces lieux en toute hâte, ou l'heure qui l'y verra surprendre sera la dernière de sa vie. (*A sa suite.*)- Emportez ce corps, et attendez mes ordres: la clémence devient meurtrière quand elle pardonne à l'homicide.

(Ils sortent.)

SCÈNE II

Un appartement dans la maison de Capulet.

Entre JULIETTE.

JULIETTE.- Qu'un galop rapide, coursiers aux pieds brûlants, vous emporte vers le palais du Soleil: de son fouet, un conducteur tel que Phaéton vous aurait précipités vers le couchant et aurait ramené la sombre Nuit. Étends ton épais rideau. Nuit qui couronne l'amour; ferme les yeux errants, et que Roméo puisse voler dans mes bras sans qu'on le dise et sans qu'on le voie. La lumière de leurs mutuelles beautés suffit aux amants pour accomplir leurs amoureux mystères; ou si l'Amour est aveugle, il ne s'en accorde que mieux avec la Nuit. Viens, Nuit obligeante, matrone aux vêtements modestes, tout en noir, apprends-moi à perdre au jeu de qui perd gagne, où l'enjeu est deux virginités sans tache; couvre de ton obscur manteau mes joues où se révolte mon sang effarouché, jusqu'à ce que mon craintif amour, devenu plus hardi dans l'épreuve d'un amour fidèle, n'y voie plus qu'un chaste devoir.- Viens, ô Nuit; viens, Roméo; viens, toi qui es le jour au milieu de la nuit; car sur les ailes de la nuit tu arriveras plus éclatant que n'est sur les plumes du corbeau la neige nouvellement tombée. Viens, douce nuit; viens, nuit amoureuse, le front couvert de ténèbres: donne-moi mon Roméo; et quand il aura cessé de vivre, reprends-le, et, partage-le en petites étoiles, il rendra la face des cieux si belle, que le monde deviendra amoureux de la nuit ct rcnoncera au culte du soleil indiscret. Oh ! j'ai acheté une demeure d'amour, mais je n'en suis pas encore en possession, et celui qui m'a acquise n'est pas encore en jouissance. Ce jour est aussi ennuyeux que la veille d'une fête pour l'enfant qui a une robe neuve et qui ne peut encore la mettre.- Oh ! voilà ma nourrice. (*Entre la nourrice avec une échelle de cordes.*) Elle m'apporte des nouvelles, et la bouche qui prononce seulement le nom de Roméo devient l'organe d'une éloquence céleste.- Eh bien ! nourrice, quelles nouvelles ? Qu'as-tu là ? l'échelle que Roméo t'a dit d'apporter ?

LA NOURRICE.- Oui, oui, l'échelle.

(Elle la jette à terre.)

JULIETTE.- Ah ciel ! quelles nouvelles ? Pourquoi tordre ainsi tes mains ?

LA NOURRICE.- O jour de malheur ! il est mort, il est mort, il est mort ! Nous sommes perdues, madame, nous sommes perdues. O malheureux jour ! il n'est plus, il est tué, il est mort !

JULIETTE.- Le ciel a-t-il pu être si cruel ?

LA NOURRICE.- Ce n'est pas le ciel, non; c'est Roméo. O Roméo ! ô Roméo ! qui l'aurait jamais pensé ? Roméo !....

JULIETTE.- Quel démon es-tu, pour me tourmenter ainsi ? L'horrible enfer devrait seul retentir des hurlements d'un pareil supplice. Roméo s'est-il tué lui-même ? Dis seulement *oui*, et ce simple monosyllabe *oui* renfermera plus de poison que l'oeil empoisonné du basilic. L'existence de ce *oui*[54] terminera la mienne; ou ferme ces yeux qui me répondent *oui*, ou s'il est mort dis *oui*, et s'il ne l'est pas dis *non*: qu'un mot bien court décide de mon bonheur ou de mon malheur.

[Note 54: Juliette joue sur le mot *I*, qui signifiait alors également *moi* et *oui, I* pour *yes*.]

LA NOURRICE.- J'ai vu la blessure, je l'ai vue de mes yeux, Dieu me pardonne ! là, sur sa mâle poitrine. Un pauvre cadavre, un pauvre cadavre tout sanglant, pâle, pâle comme les cendres, tout souillé de sang, d'un sang tout noir. A cette vue je me suis évanouie.

JULIETTE.- Oh ! manque, mon coeur ! Pauvre banqueroutier, manque pour toujours[55]; emprisonnez-vous, mes yeux; ne jetez plus un seul regard sur la liberté. Terre vile, rends-toi à la terre; que tout mouvement s'arrête, et qu'une même bière presse de son poids et Roméo et toi.

[Note 55: *O break my heart, poor bankrupt, break at once; break* signifie se briser et faire banqueroute.]

LA NOURRICE.- O Tybalt, Tybalt ! le meilleur ami que j'eusse ! O aimable Tybalt, honnête cavalier, faut-il que j'aie vécu pour te voir mort !

JULIETTE.- Quelle est donc cette tempête qui souffle ainsi dans les deux sens contraires ? Roméo est-il tué, et Tybalt est-il mort ? Mon cousin chéri et mon époux plus cher encore ? Que la terrible trompette sonne donc le jugement universel. Qui donc est encore en vie, si ces deux-là sont morts ?

LA NOURRICE.- Tybalt est mort, et Roméo est banni: Roméo, qui l'a tué, est banni.

JULIETTE.- O Dieu ! la main de Roméo a-t-elle versé le sang de Tybalt ?

LA NOURRICE.- Il l'a fait, il l'a fait ! O jour de malheur ! il l'a fait !

JULIETTE.- O coeur de serpent caché sous un visage semblable à une fleur ! jamais dragon a-t-il choisi un si charmant repaire ? Beau tyran, angélique démon, corbeau couvert des plumes d'une colombe, agneau transporté de la rage du loup, méprisable substance de la plus divine apparence, toi, justement le contraire de ce que tu paraissais à juste titre, damnable saint, traître plein d'honneur ! O nature, qu'allais-tu donc chercher en enfer, lorsque de ce corps charmant, paradis sur la terre, tu fis le berceau de l'âme d'un démon ? Jamais livre contenant une aussi infâme histoire porta-t-il une si belle couverture ? et se peut-il que la trahison habite un si brillant palais ?

LA NOURRICE.- Il n'y a plus ni sincérité, ni foi, ni honneur dans les hommes; tous sont parjures, corrompus, hypocrites. Ah ! où est mon valet ? Donnez-moi un peu d'*aqua vitæ*..... Tous ces chagrins, tous ces maux, toutes ces peines me vieillissent. Honte soit à Roméo !

JULIETTE.- Maudite soit ta langue pour un pareil souhait ! Il n'est pas né pour la honte: la honte rougirait de s'asseoir sur son front; c'est un trône où on peut couronner l'honneur, unique souverain de la terre entière. Oh ! quelle brutalité me l'a fait maltraiter ainsi ?

LA NOURRICE.- Quoi ! vous direz du bien de celui qui a tué votre cousin ?

JULIETTE.- Eh ! dirai-je du mal de celui qui est mon mari ? Ah ! mon pauvre époux, quelle langue soignera ton nom, lorsque moi, ta femme depuis trois heures, je l'ai ainsi déchiré ? Mais pourquoi, traître, as-tu tué mon cousin ? Ah ! ce traître de cousin a voulu tuer mon époux.- Rentrez, larmes insensées, rentrez dans votre source; c'est au malheur qu'appartient ce tribut que par méprise vous offrez à la joie. Mon époux vit, lui que Tybalt aurait voulu tuer; et Tybalt est mort, lui qui aurait voulu tuer mon époux. Tout ceci est consolant, pourquoi donc pleuré-je ? Ah ! c'est qu'il y a là un mot, plus fatal que la mort de Tybalt, qui m'a assassinée.- Je voudrais bien l'oublier; mais, ô ciel ! il pèse sur ma mémoire comme une offense digne de la damnation sur l'âme du pécheur. *Tybalt est mort, et Roméo est..... banni !* Ce *banni*, ce seul mot *banni*, a tué pour moi dix mille Tybalt. La mort de Tybalt était un assez grand malheur, tout eût-il fini là; ou si les cruelles douleurs se plaisent à marcher ensemble, et qu'il faille nécessairement que d'autres peines les accompagnent, pourquoi, après m'avoir dit: «Tybalt est mort,» n'a-t-elle pas continué: «ton père aussi, ou ta mère, ou tous les deux ?» cela eût excité en moi les douleurs ordinaires[56]. Mais par cette arrière-garde qui a suivi la mort de Tybalt, _Roméo est banni_; par ce seul mot, père, mère, Tybalt, Roméo, Juliette, tous sont assassinés, tous morts. Roméo banni ! Il n'y a ni fin, ni terme, ni borne, ni mesure dans la mort qu'apporte avec lui ce mot, aucune parole ne peut sonder ce malheur.- Mon père, ma mère, où sont-ils, nourrice ?

[Note 56: *Modern lamentation* (douleurs d'usage).]

LA NOURRICE.- Pleurants et gémissants sur le corps de Tybalt. Voulez-vous aller les trouver ? Je vais vous y conduire.

JULIETTE.- Ils lavent donc ses blessures de leurs larmes ! Quand elles se sécheront, les miennes seront finies par le bannissement de Roméo.- Remporte ces cordes.- Pauvre échelle, te voilà trompée comme moi, car Roméo est exilé. Il t'avait faite pour lui servir de route vers mon lit; et moi, fille encore, je meurs fille et veuve.- Viens, échelle; viens, nourrice; je vais à mon lit nuptial: c'est à la mort, et non à Roméo qu'appartient ma virginité.

LA NOURRICE.- Hâtez-vous de vous rendre à votre chambre: je trouverai Roméo pour vous consoler; je sais bien où il est. Écoutez-moi, votre Roméo sera ici *ce* soir; je vais le trouver; il est caché dans la cellule du frère Laurence.

JULIETTE.- Oh ! trouve-le. Donne cet anneau à mon fidèle chevalier, et dis-lui de venir recevoir mon dernier adieu.

(Elles sortent.)

SCÈNE III

La cellule du frère Laurence.

Entrent FRÈRE LAURENCE et ROMÉO.

FRÈRE LAURENCE.- Roméo, sors de ta retraite: viens ici, homme craintif; l'affliction s'est éprise de tes mérites, et la calamité t'a épousé.

ROMÉO.- Mon père, quelles nouvelles ? quel est l'arrêt du prince ? quelle infortune encore inconnue demande à s'attacher à moi ?

FRÈRE LAURENCE.- Mon cher fils n'est que trop accoutumé à cette cruelle société. Je t'apporte la nouvelle de l'arrêt du prince.

ROMÉO.- Eh bien ! le jugement du prince est-il plus doux que le jour du jugement ?

FRÈRE LAURENCE.- Un arrêt moins rigoureux s'est échappé de sa bouche: ce n'est pas la mort de ton corps, mais son bannissement.

ROMÉO.- Ah ! le bannissement ! aie pitié de moi; dis la mort. L'aspect de l'exil porte avec lui plus de terreur, beaucoup plus que la mort. Ah ! ne me dis pas que c'est le bannissement.

FRÈRE LAURENCE.- Tu es banni de Vérone. Prends patience; le monde est grand et vaste.

ROMÉO.- Le monde n'existe pas hors des murs de Vérone; ce n'est plus qu'un purgatoire, une torture, un véritable enfer. Banni de ce lieu, je le suis du monde, c'est la mort. Oui, le bannissement, c'est la mort sous un faux nom; et ainsi, en nommant la mort un bannissement, tu me tranches la tête avec une hache d'or, et souris au coup qui m'assassine.

FRÈRE LAURENCE.- O mortel péché ! ô farouche ingratitude ! Pour ta faute, notre loi demandait la mort; mais le prince indulgent, prenant ta défense, a repoussé de côté la loi, et a changé ce mot funeste de *mort* en celui de *bannissement*: c'est une rare clémence, et tu ne veux pas la reconnaître.

ROMÉO.- C'est un supplice et non une grâce. Le ciel est ici, où vit Juliette: les chats, les chiens, la moindre petite souris, tout ce qu'il y a de plus misérable vivra ici dans le ciel, pourra la voir; et Roméo ne le peut plus ! La mouche qui vit de charogne jouira d'une condition plus digne d'envie, plus honorable, plus relevée que Roméo; elle pourra s'ébattre sur les blanches merveilles de la chère main de Juliette, et dérober le bonheur des immortels sur ces lèvres où la pure et virginale modestie entretient une perpétuelle rougeur, comme si les baisers qu'elles se donnent étaient pour elles un péché; mais Roméo ne le peut pas, il est banni ! Ce que l'insecte peut librement voler, il faut que je vole pour le fuir; il est libre et je suis banni[57]; et tu me diras encore que l'exil n'est pas la mort !... N'as-tu pas quelque poison tout préparé, quelque poignard affilé, quelque moyen de mort soudaine, fût-ce la plus ignoble ? Mais banni ! me tuer ainsi ! banni ! O moine, quand ce mot se prononce en enfer, les hurlements l'accompagnent.- Comment as-tu le coeur, toi un prêtre, un saint confesseur, toi qui absous les fautes, toi mon ami déclaré, de me mettre en pièces par ce mot *bannissement* ?

[Note 57:_They may do this, when I am from this must fly They are free men, but I am banished._

Le jeu de mots du premier de ces deux vers est entre *fly* (mouche) et *fly* (fuir); celui du second entre *free-men* (hommes libres) et *freaming* (bourdonnant), qui se prononcent à peu près de même, a été impossible à rendre.]

FRÈRE LAURENCE.- Amant insensé, écoute seulement une parole.

ROMÉO.- Oh ! tu vas me parler encore de bannissement.

FRÈRE LAURENCE.- Je veux te donner une arme pour te défendre de ce mot: c'est la philosophie, ce doux baume de l'adversité; elle te consolera, quoique tu sois exilé.

ROMÉO.- Encore l'exil ! Que la philosophie aille se faire pendre: à moins que la philosophie n'ait le pouvoir de créer une Juliette, de déplacer une ville, ou de changer l'arrêt d'un prince, elle n'est bonne à rien, elle n'a nulle vertu; ne m'en parle plus.

FRÈRE LAURENCE.- Oh ! je vois maintenant que les insensés n'ont point d'oreilles.

ROMÉO.- Comment en auraient-ils, lorsque les hommes sages n'ont pas d'yeux ?

FRÈRE LAURENCE.- Laisse-moi discuter avec toi ta situation.

ROMÉO.- Tu ne peux parler de ce que tu ne sens pas. Si tu étais aussi jeune que moi, amant de Juliette, marié seulement depuis une heure, meurtrier de Tybalt, éperdu d'amour comme moi, et comme moi banni, alors tu pourrais parler; alors tu pourrais t'arracher les cheveux et te jeter sur la terre comme je fais, pour prendre la mesure d'un tombeau qui n'est pas encore ouvert.

FRÈRE LAURENCE.- Lève-toi, on frappe; bon Roméo, cache-toi.

(On frappe derrière le théâtre.)

ROMÉO.- Me cacher ? Non, à moins que la vapeur des gémissements de mon coeur malade, m'enveloppant comme un brouillard, ne me dérobe aux yeux qui me cherchent. (On frappe.)

FRÈRE LAURENCE.- Écoute comme ils frappent.- Qui est là ?- Roméo, lève-toi; tu seras pris.- Attendez un instant.- Lève-toi, fuis dans mon cabinet.- *(On frappe.)*

Dans un moment.- Volonté de Dieu ! quelle obstination est la tienne ?- J'y vais, j'y vais.- *(On frappe.)* Qui frappe si fort ? D'où venez-vous ? que demandez-vous ?

LA NOURRICE, *en dehors*.- Laissez-moi entrer, et vous apprendrez mon message. Je viens de la part de la signora Juliette.

FRÈRE LAURENCE.- En ce cas, soyez la bienvenue.

(Entre la nourrice.)

LA NOURRICE.- O saint frère, oh ! dites-moi, saint frère, où est l'époux de ma maîtresse ? où est Roméo ?

FRÈRE LAURENCE.- Le voilà étendu sur la terre, ivre de ses propres larmes.

LA NOURRICE.- Oh ! il est dans le même état que ma maîtresse, juste dans le même état.

FRÈRE LAURENCE.- O funeste sympathie, déplorable situation !

LA NOURRICE.- Voilà comme elle est étendue, pleurant et sanglotant, sanglotant et pleurant.- Levez-vous, levez-vous, levez-vous, si vous êtes un homme. Pour l'amour de Juliette, pour l'amour d'elle, levez-vous et soutenez-vous. Comment pouvez-vous être tombé si bas ?

ROMÉO.- O nourrice !

LA NOURRICE.- Ah ! seigneur, seigneur !- Eh bien ! la mort est la fin de tous.

ROMÉO.- Parles-tu de Juliette ? En quel état est-elle ? Ne me regarde-t-elle pas comme un assassin de profession, depuis que j'ai souillé l'enfance de notre bonheur d'un sang qui tient de si près au sien ? Où est-elle ? comment est-elle ? que dit ma secrète épouse du lien qui a scellé nos amours[58] ?

[Note 58: _What say My conceal'd lady to our cancell'd love_ ?]

LA NOURRICE.- Ah ! elle ne dit rien, seigneur; mais elle pleure, et puis elle pleure: tantôt elle tombe sur son lit, tantôt elle se relève en sursaut et elle appelle Tybalt, et puis elle appelle en criant Roméo; et puis elle retombe.

ROMÉO.- Comme si ce nom, parti d'une arme meurtrière, la tuait, comme la main maudite de celui qui le porte a tué son parent.- Dis-moi, frère, dis-moi en quelle vile partie de mon corps habite ce nom; dis-le moi, pour que j'en ravage l'odieuse demeure.

(Il tire son épée.)

FRÈRE LAURENCE.- Arrête ta main désespérée. Es-tu un homme ? Ta figure crie que tu en es un; mais tes pleurs sont d'une femme, et tes actions désordonnées indiquent la fureur d'une bête privée de raison. Femme dépourvue de grâces, homme seulement en apparence, n'es-tu donc sous la ressemblance de tous les deux qu'un animal difforme ? Tu m'as confondu. Par mon saint ordre, j'avais cru ton âme mieux trempée. Après avoir tué Tybalt, veux-tu te tuer toi-même, et, par le coup d'une damnable haine contre toi-même, tuer aussi ton épouse qui ne vit qu'en toi ? Pourquoi t'emporter ainsi contre ta naissance, le ciel et la terre ? Ta naissance, le ciel et la terre se sont réunis pour avoir part à ton existence, et tu veux tout perdre à la fois ! Fi donc ! fi donc ! tu déshonores ta personne, ton amour, ton intelligence; toi qui, riche de ces dons précieux, comme l'avare, n'en emploies aucun à son véritable usage, seul capable de donner du lustre à ta personne, à ton intelligence, à ton amour. Ta noble figure devient un simulacre de cire dépouillé de ce qui fait la valeur d'un homme: tes serments du plus tendre amour ne sont qu'un noir parjure, lorsque tu détruis cet amour que tu avais fait voeu de chérir: ton intelligence, cet ornement de ta personne et de ton amour, trompée elle-même dans la règle qu'elle doit leur prescrire à tous deux, de même que la poudre dans le carnier d'un soldat maladroit, prend feu par ton impéritie et te met en pièces par les moyens destinés à ta défense.- Allons, homme, relève-toi, ta Juliette est vivante, ta Juliette pour l'amour de qui tu étais mort, il n'y a qu'un moment. Tu es heureux par là, Tybalt voulait te tuer, et c'est toi qui as tué Tybalt; là encore tu es heureux. La loi, qui te menaçait de la mort, devenue ton amie, n'a prononcé que l'exil; en cela tu es heureux; un amas de bénédictions est descendu sur ta tête; le bonheur s'empresse autour de toi dans ses plus doux atours; et toi, comme une jeune fille obstinée et perverse, tu boudes avec humeur ta fortune et ton amour. Prends-y garde, prends-y garde; c'est ainsi qu'on meurt misérable. Allons, va rejoindre ton amante, comme il a été convenu; monte dans sa chambre; pars et va la consoler. Mais souviens-toi de la quitter avant que la garde soit placée; car alors tu ne pourrais plus arriver à Mantoue, où tu dois rester jusqu'à ce que nous puissions trouver l'occasion d'annoncer votre mariage, de réconcilier vos parents, d'obtenir ta grâce du prince, et de te rappeler, cinq cent mille fois plus transporté de bonheur que tu n'as répandu de lamentations en partant.- Va devant, nourrice; parle de moi à ta maîtresse; dis-lui de hâter dans toute la maison le moment de se mettre au lit: le chagrin dont ils sont accablés doit les y disposer. Roméo va venir.

LA NOURRICE.- O Seigneur mon Dieu, je resterais ici toute la nuit pour entendre ces bons avis. Oh ! ce que c'est que la science !- Mon cher maître, je vais annoncer à ma maîtresse que vous allez venir.

ROMÉO.- Va, et dis à ma douce amie de se préparer à me gronder.

LA NOURRICE.- Voici, seigneur, un anneau qu'elle m'a chargé de vous donner. Hâtez-vous, ne perdez pas de temps, car il se fait déjà bien tard.

(Elle sort.)

ROMÉO.- Comme ce don a ranimé mon courage !

FRÈRE LAURENCE.- Partez, bonne nuit. Toute votre destinée dépend de ceci: ou sortez de la ville avant que la garde soit postée, ou au point du jour sortez déguisé.

Restez à Mantoue; je trouverai votre domestique; de temps en temps, il vous instruira de tout ce qu'il arrivera de favorable pour vous ici. Donne-moi ta main; il est tard; adieu, bonne nuit.

ROMÉO.- Si je n'étais appelé par une joie au-dessus de toutes les joies, ce serait un chagrin de me séparer de toi si brusquement. Adieu !

(Ils sortent.)

SCÈNE IV

La maison de Capulet.

CAPULET, LA SIGNORA CAPULET, PARIS.

CAPULET.- Il est arrivé, seigneur, des choses si malheureuses, que nous n'avons pas eu le temps de disposer notre fille. Voyez-vous, elle aimait chèrement son cousin Tybalt, et moi je l'aimais bien aussi. Enfin, nous sommes nés pour mourir.- Il est très-tard, elle ne descendra pas ce soir; et je vous réponds que, sans votre compagnie, il y a une heure que je serais au lit.

PARIS.- Ces moments amers ne sont pas des moments d'amour[59].- Bonne nuit, madame; présentez mes hommages à votre fille.

[Note 59: *Those times of woe afford no time to woo.*]

LA SIGNORA CAPULET.- Je n'y manquerai pas, et

demain, dès le matin, je saurai sa pensée: pour ce soir, son accablement l'a forcée à se retirer.

CAPULET.- Moi, Pâris, je veux témérairement vous répondre de l'amour de ma fille. Je pense bien qu'à tous égards elle se laissera gouverner par moi; je dis plus, je n'en doute pas.- Ma femme, allez la trouver avant de vous mettre au lit, instruisez-la de l'amour de mon fils Pâris, et donnez-lui ordre, faites-y bien attention, pour mercredi prochain. Mais doucement: quel jour est-ce aujourd'hui ?

PARIS.- Lundi, seigneur.

CAPULET.- Lundi ? Ah ah ! mercredi est trop tôt: ce sera donc pour jeudi. Dites-lui que jeudi elle sera mariée à ce noble comte.- Serez-vous prêt ? Cette précipitation est-elle de votre goût ? Nous ne ferons pas grand embarras. Un ami ou deux; car, écoutez donc, le meurtre de Tybalt étant si récent, on pourrait trouver que pour un parent, nous en faisions bien peu de cas, si nous donnions de grands divertissements. Ainsi nous inviterons quelque demi-douzaine d'amis, et voilà tout.... Mais que dites-vous de jeudi ?

PARIS.- Seigneur, je voudrais que jeudi vînt demain.

CAPULET.- Fort bien; allons, retirez-vous.- Ainsi, jeudi.- Vous, ma femme, voyez Juliette avant de vous mettre au lit; préparez-la au jour de ses noces.- Adieu, seigneur.... Holà ! de la lumière dans ma chambre; marchez devant moi.... Il est si tard que bientôt l'on pourra dire qu'il est de bonne heure.- Bonne nuit.

(Ils sortent.)

SCÈNE V

La chambre de Juliette.

Entrent ROMÉO et JULIETTE.

JULIETTE.- Veux-tu donc déjà me quitter ? le jour n'est pas encore prêt de paraître: c'est le rossignol, et non l'alouette, dont la voix a pénétré ton oreille inquiète; toute la nuit il chante là-bas sur ce grenadier. Crois-moi, cher amour, c'était le rossignol.

ROMÉO.- C'est l'alouette qui proclame le matin, et non pas le rossignol. Vois, ma bien-aimée, ces traits d'une lumière jalouse qui traversent les nuages entr'ouverts à l'orient: tous les flambeaux de la nuit sont consumés; et au sommet des montagnes couvertes de brouillards s'élève sur la pointe du pied le joyeux matin. Il me faut partir et vivre, ou rester et mourir.

JULIETTE.- Cette lumière n'est point la lumière du jour, je le sais bien, moi: c'est quelque météore qu'exhale le soleil pour te servir de flambeau cette nuit, et t'éclairer dans ta route vers Mantoue. Reste donc, il n'est pas encore nécessaire que tu t'en ailles.

ROMÉO.- Qu'on me surprenne ici, qu'on me mette à mort, je suis content si tu le veux ainsi. Je dirai que cette teinte grisâtre n'est pas l'oeil du matin, mais le pâle reflet du front de Cynthie, et que ce n'est pas l'alouette dont les accents vont frapper la voûte des cieux, si haut au-dessus de nos têtes. J'ai bien plus de penchant à rester que de volonté de partir.- Viens, Mort, et sois la bienvenue; Juliette le veut ainsi.- Que dis-tu, mon amour ? causons, ce n'est pas le jour.

JULIETTE.- C'est le jour, c'est le jour: hâte-toi de partir, va-t'en. C'est l'alouette qui chante si faux, qui roule des sons si péniblement discordants, et d'une aigreur si désagréable. On prétend que l'alouette sait observer dans son chant de gracieuses séparations; cela n'est pas vrai, puisqu'elle nous sépare[60]. Quelques-uns disent que l'alouette a changé d'yeux avec le crapaud dégoûtant: oh ! que je voudrais qu'ils eussent aussi changé de voix, puisque cette voix nous arrache des bras l'un de l'autre, et te chassent d'ici par ces sons qui appellent le jour. Oh ! maintenant, va-t'en; le ciel s'éclaircit de plus en plus.

[Note 60:_Some say the lark makes sweet division, It is not so for she divideth us._]

ROMÉO.- Le ciel s'éclaircit de plus en plus, et de plus en plus notre sort s'obscurcit.

(Entre la nourrice.)

LA NOURRICE.- Madame !

JULIETTE.- Qu'y a-t-il, nourrice ?

LA NOURRICE.- Madame votre mère vient à votre chambre: le jour paraît; prenez garde; ayez l'oeil au guet.

(Elle sort.)

JULIETTE.- Eh bien ! fenêtre, laisse entrer le jour et sortir ma vie.

ROMÉO.- Adieu, adieu ! Un baiser, et je vais descendre.

(Roméo descend.)

JULIETTE.- Te voilà donc parti, mon amant, mon maître, mon ami ! Il me faut de tes nouvelles à chaque jour de chacune de mes heures, car dans chaque minute il y aura pour moi plus d'un jour. Oh ! qu'à ce compte je serai chargée d'années avant de revoir mon Roméo !

ROMÉO.- Adieu ! je ne laisserai échapper aucune occasion de te faire passer, ô ma bien-aimée ! l'expression de mes voeux.

JULIETTE.- Ah ! crois-tu que nous nous revoyions jamais ?

ROMÉO.- Je n'en doute point, et toutes tes peines serviront de sujet aux entretiens de nos jours à venir.

JULIETTE.- O Dieu ! j'ai dans l'âme un funeste présage: il me semble que je te vois, maintenant que tu es descendu, comme un mort couché au fond d'un tombeau; ou ma vue se trouble, ou tu me parais pâle.

ROMÉO.- Je vous assure, mon cher amour, que vous paraissez de même à mes yeux.- Le chagrin dévorant dessèche notre sang. Adieu, adieu !

(Roméo sort.)

JULIETTE.- O Fortune, Fortune ! les hommes te nomment inconstante. Si tu es inconstante, qu'as-tu à faire avec lui, qui est connu pour garder sa foi ? Sois inconstante, ô Fortune ! car alors j'espère que tu ne me le garderas pas longtemps, mais que tu le renverras bientôt.

LA SIGNORA CAPULET, *derrière le théâtre*.- Hé ! ma fille ! êtes-vous levée !

JULIETTE.- Qui m'appelle ? Est-ce madame ma mère ? Quoi ! si tard n'est-elle pas couchée, ou bien est-elle levée si matin ? Quelle cause extraordinaire l'amène ici ?

LA SIGNORA CAPULET.- Eh bien ! Juliette, comment cela va-t-il maintenant ?

JULIETTE.- Madame, je ne suis pas bien.

LA SIGNORA CAPULET.- Toujours pleurant la mort de ton cousin ? Eh quoi ! tes larmes le laveront-elles de la poussière du tombeau ? et quand tu y parviendrais, tu ne pourrais le faire revivre. Finis-en donc: une certaine douleur montre beaucoup d'affection; mais beaucoup de douleur montre toujours un défaut de jugement.

JULIETTE.- Laissez-moi pleurer encore une perte aussi sensible.

LA SIGNORA CAPULET.- De cette manière, vous sentirez la perte, mais ne jouirez pas de l'ami que vous pleurez.

JULIETTE.- Sentant aussi vivement sa perte, je ne puis m'empêcher de le pleurer toujours.

LA SIGNORA CAPULET.- Je le vois bien, mon enfant, ce qui te fait pleurer, ce n'est pas tant sa mort que de savoir vivant le misérable qui l'a tué.

JULIETTE.- Quel misérable, madame ?

LA SIGNORA CAPULET.- Le misérable Roméo.

JULIETTE.- Un misérable et lui sont à bien des lieues de distance. Que Dieu lui pardonne; moi, je lui pardonne de tout mon coeur; et cependant nul homme n'afflige mon coeur comme lui.

LA SIGNORA CAPULET.- Oui, vous souffrez de voir que ce perfide meurtrier respire.

JULIETTE.- Oui, madame, de ce qu'il respire hors de la portée de mes mains. Je voudrais être seule chargée de venger la mort de mon cousin.

LA SIGNORA CAPULET.- Nous en aurons vengeance, sois tranquille: ne pleure donc plus. J'enverrai à Mantoue, où est maintenant cet apostat de banni: il y a là quelqu'un qui lui donnera un breuvage si efficace, qu'il ira bientôt tenir compagnie à Tybalt; et alors j'espère que tu seras satisfaite.

JULIETTE.- En vérité, je ne serai jamais satisfaite de Roméo, que je ne le voie..... mort.- Mon pauvre coeur est si cruellement affligé pour mon cousin !- Madame, si vous pouviez seulement trouver un homme pour porter le poison, je le préparerais, et de manière à ce que Roméo, après l'avoir reçu, dormît bientôt en paix.- Oh ! comme mon coeur abhorre de l'entendre nommer..... et de ne pouvoir aller le joindre..... et venger l'amitié que je portais à mon cousin Tybalt sur la personne de celui qui l'a tué !

LA SIGNORA CAPULET.- Trouve les moyens, et moi je trouverai l'homme.- Mais je vais, mon enfant, *t'*apprendre de joyeuses nouvelles.

JULIETTE.- La joie vient à propos dans un temps où nous en avons si grand besoin. De grâce, madame, quelles sont ces nouvelles ?

LA SIGNORA CAPULET.- Oui, oui, tu as un père soigneux, mon enfant, un père qui, pour te tirer de ton accablement, t'a préparé tout de suite un heureux jour auquel tu ne t'attends pas, et dont je n'avais pas eu la pensée.

JULIETTE.- Madame, à la bonne heure: quel est ce jour ?

LA SIGNORA CAPULET.- Vraiment, ma fille, jeudi prochain, de bon matin, un brillant, jeune et noble cavalier, le comte Pâris, dans l'église de Saint-Pierre, aura le bonheur de faire de toi une joyeuse épouse.

JULIETTE.- Ma foi ! par l'église de Saint-Pierre, et par saint Pierre lui-même, il ne fera point de moi une joyeuse épouse. Je suis étonnée de cette précipitation, et qu'il me faille épouser avant que l'homme qui doit être mon mari vienne me faire sa cour. Je vous prie, madame, dites à mon seigneur et père que je ne veux pas me marier encore, et que quand je me marierai, je jure que j'épouserai Roméo, que vous savez que je hais, plutôt que Pâris.- Ce sont là des nouvelles, en vérité !

LA SIGNORA CAPULET.- Voilà votre père qui vient: faites-lui cette réponse vous-même, et voyez comment il la recevra de votre part.

(Entrent Capulet et la nourrice.)

CAPULET.- Lorsque le soleil est couché, l'humidité de l'air se répand en gouttes de rosée; mais pour le couchant du fils de mon frère, il pleut tout à fait.- Comment, une gouttière, jeune fille ! Quoi, toujours en larmes ! toujours des torrents ! Tu fais à la fois de ta petite personne une barque, une mer, un ouragan; car je vois dans tes yeux, que je peux appeler la mer, un flux et reflux perpétuel de larmes; ton corps est la barque qui flotte dans ces ondes salées; les vents sont tes soupirs, qui font avec tes larmes un mutuel assaut de violence; en sorte que, s'il ne survient un calme soudain, ils feront chavirer ton corps battu de la tempêtc.- Où en sommes-nous, ma femme ? Lui avez-vous annoncé ma résolution ?

LA SIGNORA CAPULET.- Oui, seigneur, mais elle ne veut pas; elle vous remercie. Je voudrais que l'insensée fût mariée à son tombeau.

CAPULET.- Attendez, ma femme, j'en suis, j'en suis. Comment, elle ne veut pas ! Elle ne nous remercie pas, elle n'est pas fière, elle ne se trouve pas bien heureuse de ce que, tout indigne qu'elle est, nous lui avons ménagé pour époux un si digne gentilhomme !

JULIETTE.- Non, je n'en suis pas fière, mais j'en suis reconnaissante. Je ne peux jamais être fière de ce que je déteste; mais je puis être reconnaissante même de ce que je déteste, lorsque c'est l'affection qui l'a fait faire.

CAPULET.- Comment, raisonneuse, qu'est-ce que cela veut dire ?- Fière,... et je vous remercie,... et je ne vous remercie pas,... et pourtant je ne suis pas fière- Eh bien ! madame la mignonne, je ne me soucie point d'être remercié par vos remerciements, ni que vous me fassiez fièrement de la fierté: mais préparez vos petites jambes à aller jeudi prochain avec Pâris à l'église de Saint-Pierre; ou je t'y traînerai, moi, sur une claie. Va-t'en, charogne moisie; va-t'en, malheureuse, face de suif !

LA SIGNORA CAPULET.- Fi ! fi ! êtes-vous fou ?

JULIETTE.- Mon bon père, je vous en conjure à genoux; écoutez-moi avec patience, seulement un mot.

CAPULET.- Va te faire pendre, petite drôlesse, désobéissante coquine. Je te le répète: ou rends-toi à l'église jeudi, ou ne me regarde jamais en face. Pas un mot, pas une réponse, pas une réplique. Les doigts me démangent....- Eh bien ! ma femme, nous nous tenions à peine pour heureux parce que Dieu ne nous avait donné que cette unique enfant: maintenant je vois que c'est encore trop d'un, et que nous avons reçu en elle une malédiction.- Qu'elle s'en aille, la malheureuse !

LA NOURRICE.- Que le Dieu du ciel la bénisse ! vous avez tort, seigneur, de la maltraiter ainsi.

CAPULET.- Et pourquoi, madame la Sagesse ? Tenez votre langue, mère Prudence, allez bavarder avec vos commères.

LA NOURRICE.- Je ne fais pas un crime en parlant.

CAPULET.- Oh ! que Dieu nous soit en aide !

LA NOURRICE.- Est-ce qu'on ne peut pas parler ?

CAPULET.- Taisez-vous, sotte bougonneuse; allez débiter vos maximes sur la tasse de votre commère; nous n'en avons que faire ici.

LA SIGNORA CAPULET.- Vous êtes trop vif.

CAPULET.- Paix de Dieu ! j'en deviendrai fou: le jour, la nuit, le matin, le soir, chez moi ou dehors, seul ou en compagnie, dormant ou veillant, j'ai toujours pensé à la marier ! et aujourd'hui, après l'avoir pourvue d'un gentilhomme de famille princière, ayant de beaux domaines, qui est jeune, de belles manières, regorgeant, comme on dit, des qualités les plus avantageuses, fait en tout à plaisir, il faut qu'une malheureuse petite sotte de pleurnicheuse, une poupée gémissante, vienne, à cette bonne fortune qui lui arrive, vous répondre: Je ne ne veux pas me marier;... je ne peux aimer;... je suis trop jeune;... je suis trop jeune, pardonnez-moi....- Mais si vous ne voulez pas vous marier, je vous pardonnerai: allez paître où vous voudrez; vous n'habiterez toujours pas avec moi. Faites attention à ce que je vous dis; songez-y bien; je n'ai pas l'habitude de plaisanter; jeudi est près, mettez la main sur votre coeur; avisez-y. Si vous êtes ma fille, je vous donnerai à mon ami. Si tu ne l'es pas, va te faire pendre, mendier, périr de faim, mourir dans les rues; car, sur mon âme, jamais je ne te reconnaîtrai, jamais rien de ce qui m'appartient ne te fera du bien. Comptez là-dessus; faites vos réflexions, car je vous tiendrai parole.

(Il sort.)

JULIETTE.- N'y a-t-il donc plus pour moi un regard de pitié, qui, du haut des nuages, pénètre les profondeurs de mon chagrin ? O ma tendre mère, ne me rejetez pas loin de vous; différez ce mariage d'un mois, d'une semaine; ou si vous ne le voulez pas, faites donc dresser mon lit nuptial dans le sombre monument où l'on a déposé Tybalt.

LA SIGNORA CAPULET.- Ne me parle pas, car je ne te répondrai pas un mot. Fais ce que tu voudras, je ne me mêle plus de ce qui te regarde.

(Elle sort.)

JULIETTE.- O Dieu !.... O ma nourrice, comment prévenir ceci ? Mon époux est sur la terre, ma foi est dans le ciel; comment cette foi reviendra-t-elle sur la terre, à moins que mon époux ne quitte la terre et ne me la renvoie des cieux ? Console-moi, conseille-moi.- Hélas ! hélas ! comment le ciel peut-il entourer d'embûches une créature aussi faible que moi !- Que dis-tu ? N'as-tu pas un seul mot de joie, quelque consolation, nourrice ?

LA NOURRICE.- Ma foi, je n'en connais qu'une: Roméo est banni, et je gagerais le monde contre rien qu'il n'osera jamais revenir vous réclamer; ou, s'il le fait, il faudra que ce soit en cachette. Alors, les choses étant comme elles sont, je pense que ce que vous avez de mieux à faire c'est d'épouser le comte. Oh ! c'est un aimable cavalier ! Roméo n'est qu'un torchon auprès de lui. Un aigle, ma dame, n'a pas un oeil aussi clair, aussi perçant, aussi beau que celui de Pâris. Que mal m'advienne si je ne pense pas que vous êtes heureuse de trouver ce second parti ! car il est bien au-dessus du premier: et d'ailleurs, quand cela ne serait pas, votre premier mari est mort, ou il vaudrait autant qu'il le fût que de l'avoir vivant sans en profiter.

JULIETTE.- Parles-tu du fond du coeur ?

LA NOURRICE.- Du fond de l'âme aussi, ou que je sois maudite dans tous les deux !

JULIETTE.- *Amen.*

LA NOURRICE.- Et à quoi ?

JULIETTE.- Eh bien ! tu m'as merveilleusement consolée. Rentre, et dis à ma mère qu'ayant fâché mon père, je suis allée à la cellule de frère Laurence m'en confesser et demander l'absolution.

LA NOURRICE.- Vraiment, je vais le lui aller dire, et vous prenez un parti très-sage.

(Elle sort.)

JULIETTE.- Vieille réprouvée ! démon maudit ! je ne sais quel est ton plus grand péché, ou de souhaiter que je me parjure ainsi, ou de déprécier mon époux avec cette même langue qui l'avait tant de milliers de fois exalté au-dessus de toute comparaison. Va, conseillère: mon coeur et toi sommes désormais séparés. Je vais trouver le frère, savoir quel expédient il aura à m'offrir; et si tout le reste me manque, moi, j'ai le pouvoir de mourir.

(Elle sort.)

FIN DU TROISIÈME ACTE.

ACTE QUATRIÈME

SCÈNE I

La cellule du frère Laurence.

Entrent FRÈRE LAURENCE ET PARIS.

FRÈRE LAURENCE.- Quoi ! jeudi, seigneur ? le terme est bien court.

PARIS.- Mon père Capulet le veut ainsi, et je n'irai pas refroidir son empressement par des retards.

FRÈRE LAURENCE.- Vous dites que vous ne connaissez pas les dispositions de la dame: cette conduite n'est pas régulière; je ne l'approuve point.

PARIS.- Elle pleure sans mesure la mort de Tybalt, et voilà pourquoi je l'ai si peu entretenue de mon amour: Vénus n'ose sourire dans une maison de larmes. Son père voit du danger à laisser le chagrin prendre sur elle tant d'empire; et, dans sa sagesse, il hâte notre mariage, pour arrêter ce déluge de pleurs. La société d'un époux pourra éloigner d'elle un souvenir devenu trop puissant dans la solitude. Vous concevez maintenant le motif de cette précipitation.

FRÈRE LAURENCE, *à part*- Je voudrais ignorer le motif qui devrait la ralentir.- Tenez, seigneur, voici la dame qui vient à ma cellule.

(Entre Juliette.)

PARIS.- Quelle heureuse rencontre, ma souveraine, ma femme !

JULIETTE.- Tout cela sera peut-être, seigneur, quand je

pourrai être votre femme.

PARIS.- Cela peut être et doit être, mon amour, jeudi prochain.

JULIETTE.- Ce qui doit être sera.

FRÈRE LAURENCE.- Ceci est une sentence certaine.

PARIS.- Venez-vous vous confesser à ce père ?

JULIETTE.- Si je vous répondais, ce serait me confesser à vous.

PARIS.- N'allez pas lui nier que vous m'aimerez.

JULIETTE.- Je vous confesserai à vous que je l'aime.

PARIS.- Et vous lui confesserez aussi, j'en suis sûr, que vous m'aimez.

JULIETTE.- Si je le fais, cela aura plus de prix quand vous aurez le dos tourné qu'en votre présence.

PARIS.- Chère âme, ton visage est bien terni de larmes.

JULIETTE.- Elles n'ont pas remporté là une grande victoire; il n'était déjà pas trop beau avant qu'elles l'eussent gâté.

PARIS.- Tu lui fais, par cette réponse, plus de tort que

par tes pleurs.

JULIETTE.- Je ne le calomnie point, seigneur: c'est une vérité; et ce que je dis là, je me le suis dit en face.

PARIS.- Ton visage est à moi, et tu l'as calomnié.

JULIETTE.- Cela peut être, car il ne m'appartient pas.- Saint père, êtes-vous de loisir à présent, ou reviendrai-je vous trouver à la messe du soir ?

FRÈRE LAURENCE.- J'ai tout loisir, ma triste fille.- Seigneur, je dois vous prier de nous laisser seuls.

PARIS.- Dieu me préserve de troubler la dévotion ! Juliette, je vous réveillerai jeudi de grand matin: jusqu'à ce jour, adieu, et recevez ce saint baiser.

(Il sort.)

JULIETTE.- Oh ! ferme la porte, et ensuite viens pleurer avec moi: je suis sans espoir, sans ressource, sans secours.

FRÈRE LAURENCE.- Ah ! Juliette, je connais déjà tes chagrins: et ma tête n'est pas assez forte pour les supporter. J'apprends que tu dois, sans que rien puisse le retarder, être mariée à ce comte jeudi prochain.

JULIETTE.- Frère, ne me dis point que tu le sais sans me dire en même temps comment je puis l'empêcher. Si dans ta sagesse tu n'as pas les moyens de me secourir, dis-moi seulement que tu approuves ma résolution, et de ce poignard je vais moi-même me secourir sur-le-champ. Dieu a uni mon coeur à celui de Roméo; tu as joint nos mains; et avant que cette main, qui a scellé par toi mon union avec Roméo, devienne le sceau d'un autre titre, avant que mon coeur fidèle, par une déloyale trahison, se déclare pour un autre, ceci les fera périr tous deux. Ainsi, cherche dans l'expérience de ta longue vie un conseil à me donner pour le moment, ou bien, vois, ce poignard sanglant deviendra médiateur entre moi et l'extrémité où je suis; il décidera en arbitre de ce que tes lumières et tes années réunies n'auront pu conduire à une issue digne du véritable honneur. Ne sois pas si lent à me répondre: il me tarde de mourir si ta réponse ne me parle pas de moyens de salut.

FRÈRE LAURENCE.- Arrête, ma fille, j'entrevois une sorte d'espérance, qui demande une exécution aussi désespérée qu'est désespéré le cas que nous voulons prévenir.- Si, plutôt que d'épouser le comte Pâris, tu as la force de vouloir te tuer toi-même, il est vraisemblable que toi, qui recherches la mort pour éviter cette ignominie, tu entreprendras bien pour y échapper une chose qui ressemble à la mort. Si tu as ce courage, je te donnerai un moyen.

JULIETTE.- Oh ! plutôt que d'épouser Pâris, commande-moi de me précipiter du haut des remparts de cette tour, ou d'aller par les chemins fréquentés par les voleurs; ordonne-moi de me glisser au milieu des serpents; enchaîne-moi avec des ours rugissants; ou enferme-moi la nuit dans un cimetière, entièrement couvert d'os de morts s'entre-choquant, de jambes encore infectes, de crânes jaunis et informes; ou commande-moi d'entrer dans un tombeau nouvellement creusé, et de me cacher avec un mort dans son linceul, choses qui me faisaient trembler, seulement à en entendre parler; j'obéirai sans crainte ou hésitation, pour demeurer l'épouse sans tache de mon cher bien-aimé.

FRÈRE LAURENCE.- Eh bien ! retourne chez toi, montre un air joyeux, consens à épouser Pâris. C'est demain mercredi: demain au soir fais en sorte de coucher seule; que ta nourrice ne couche point dans ta chambre. Prends cette fiole, et quand tu seras dans ton lit, avale cette liqueur distillée: soudain coulera dans toutes tes veines une froide et assoupissante humeur; les artères, interrompant leur mouvement naturel, cesseront de battre; nulle chaleur, nul souffle n'attestera que tu vis encore; les roses de tes lèvres et de tes joues se faneront et deviendront pâles comme la cendre; les rideaux de tes yeux s'abaisseront comme à l'instant où la mort les ferme à la lumière de la vie; chaque partie de ton corps, privée de la souplesse qui te permet d'en disposer, paraîtra roide, inflexible et froide, comme dans la mort. Tu demeureras quarante-deux heures sous cette apparence empruntée d'une mort glacée, après quoi tu te réveilleras comme d'un sommeil agréable. Le lendemain, ton nouvel époux viendra dès le matin pour te faire sortir de ton lit; tu seras morte. Alors, suivant l'usage de notre pays, parée dans ton cercueil de tes plus beaux atours, et le visage découvert, tu seras portée dans cet antique tombeau où reposent tous les descendants des Capulet. Cependant, avant que tu sois réveillée, Roméo, instruit par mes lettres de notre entreprise, viendra ici; lui et moi nous épierons le moment de ton réveil, et cette nuit-là même Roméo t'emmènera d'ici à Mantoue. Voilà l'expédient qui te préservera de l'ignominie dont tu es menacée, si aucun caprice d'inconstance, aucune crainte de femme ne vient dans l'exécution abattre ton courage.

JULIETTE.- Donne, oh ! donne-moi ! Ne me parle pas de crainte.

FRÈRE LAURENCE.- Tiens, et va-t'en: sois forte et prospère dans cette résolution ! J'enverrai en hâte à Mantoue un moine porter mes lettres à ton époux.

JULIETTE.- Amour, donne-moi la force, et la force me sauvera. Adieu, mon bon père.

(Ils se quittent.)

SCÈNE II

Un appartement de la maison de Capulet.

Entrent CAPULET, LA SIGNORA CAPULET, LA NOURRICE *et des* DOMESTIQUES.

CAPULET.- Invite toutes les personnes dont le nom est écrit là-dessus. (*Le domestique sort.*)- Toi, drôle, va m'arrêter vingt habiles cuisiniers.

SECOND DOMESTIQUE.- Vous n'en aurez pas un mauvais, seigneur, car je verrai s'ils se lèchent les doigts.

CAPULET.- Et qu'est-ce que tu verras par-là ?

SECOND DOMESTIQUE.- Vraiment, seigneur, c'est un mauvais cuisinier que celui qui ne se lèche pas les doigts. Ainsi, celui qui ne se lèche pas les doigts ne viendra pas avec moi.

CAPULET.- Va vite. (*Le domestiqua sort.*) Nous serons bien mal préparés pour cette noce.- Est-ce que ma fille est allé trouver le frère Laurence ?

LA NOURRICE.- Oui, vraiment.

CAPULET.- Bon, il lui fera peut-être un peu de bien. C'est une insolente petite coquine bien entêtée.

(Entre Juliette.)

LA NOURRICE.- Tenez, voyez comme elle revient de confesse avec un visage riant.

CAPULET.- Eh bien ! obstinée, où avez-vous été courir ?

JULIETTE.- Où j'ai appris à me repentir du péché d'une désobéissante résistance à vous et à vos ordres. Le saint frère Laurence m'a enjoint de tomber ici à vos genoux, et de vous demander pardon. Pardon, je vous en conjure; désormais je me laisserai toujours gouverner par vous.

CAPULET.- Envoyez chercher le comte: allez et qu'on l'instruise de ceci. Je veux que ce noeud soit formé dès demain matin.

JULIETTE.- J'ai rencontré le jeune comte à la cellule du frère Laurence, et je lui ai accordé ce qui se peut accorder des droits de l'amour sans passer les bornes de la pudeur.

CAPULET.- Allons, j'en suis bien aise, tout va bien, relevez-vous; les choses vont comme elles doivent aller.- Il faut que je voie le comte; oui vraiment, allez, je vous dis, et amenez-le ici. En vérité, devant Dieu, toute notre ville a de grandes obligations à ce respectable religieux.

JULIETTE.- Nourrice, voulez-vous venir avec moi dans mon cabinet ? Vous m'aiderez à assortir la parure que vous croirez convenable pour m'habiller demain.

LA SIGNORA CAPULET.- Non, pas avant jeudi. Nous avons le temps.

CAPULET.- Allez, nourrice, allez avec elle; nous irons à l'église demain.

(Juliette et la nourrice sortent.)

LA SIGNORA CAPULET.- Nous serons bien à court pour nos préparatifs: il est déjà presque nuit.

CAPULET.- Bon, bon; je me donnerai du mouvement et tout ira bien, je te le garantis, ma femme. Va rejoindre Juliette, aide-la à se parer; je ne me coucherai point cette nuit. Laisse-moi tranquille: pour cette fois, c'est moi qui ferai la ménagère.- Holà ! mon chapeau.- Ils sont tous sortis. Allons, je vais aller moi-même chez le comte Pâris, et le disposer à la cérémonie de demain.- Mon coeur est merveilleusement léger depuis que cette fille entêtée est rentrée dans son devoir.

(Ils sortent.)

SCÈNE III

La chambre de Juliette.

Entrent JULIETTE ET LA NOURRICE.

JULIETTE.- Oui, cet ajustement est celui qui conviendra le mieux; mais, bonne nourrice, je t'en prie, laisse-moi seule cette nuit: j'ai besoin de bien des oraisons pour obtenir du ciel un regard propice dans l'état où je suis, qui est plein, comme tu sais, d'irrégularités et de péché.

(Entre la signora Capulet.)

LA SIGNORA CAPULET.- Eh bien ! êtes-vous bien occupée ? Avez-vous besoin que je vous aide ?

JULIETTE.- Non, madame; nous avons fait un choix de tout ce qui est nécessaire pour paraître convenablement à la cérémonie de demain. Si c'est votre bon plaisir, permettez qu'on me laisse seule maintenant, et que ma nourrice veille cette nuit avec vous; car, j'en suis sûre, vous devez avoir des affaires par-dessus les yeux pour une chose qui se fait si précipitamment.

LA SIGNORA CAPULET.- Bonne nuit, va te mettre au lit et te reposer, tu en as besoin.

(La signora Capulet et la nourrice sortent.)

JULIETTE.- Adieu.- Dieu sait quand nous nous reverrons. (_Elle ferme la porte._) Je sens courir dans mes veines un frisson de peur, qui glace presque en moi la chaleur de la vie. Il faut que je les rappelle pour me rassurer.- Nourrice ! Ah ! que ferait-elle ici ? il faut que je joue seule ma scène funèbre.- Viens, fiole.- Mais si ce breuvage n'opérait aucun effet, serais-je donc mariée de force au comte ? Non, non, ceci me préservera. Repose ici. (*Elle place un poignard à côté d'elle.*)- Mais si c'était un poison que le frère m'eût adroitement fourni pour me faire mourir, dans la crainte de se voir déshonoré par ce mariage, lui qui m'a mariée avec Roméo... Je crains qu'il n'en soit ainsi, et cependant quand j'y songe, cela ne doit pas être, car il a toujours été reconnu pour un saint homme. Je ne veux pas entretenir une si mauvaise pensée.- Mais quoi ! si, après que je serai déposée dans le tombeau, j'allais me réveiller avant le moment où Roméo doit venir me délivrer... C'est là une chose bien effrayante. Ne serais-je pas alors suffoquée sous cette voûte dont la sombre entrée ne reçoit aucun air salutaire, et étouffée avant que mon Roméo arrivât ? ou, si je suis vivante, n'est-il pas vraisemblable que l'horrible idée de la mort et de la nuit jointe à la terreur du lieu, sous cette voûte, antique réceptacle où depuis tant de siècles sont entassés les ossements de mes ancêtres qu'on y a tous ensevelis; où Tybalt, tout sanglant et encore tout frais enterré, est là à se corrompre dans son linceul; où l'on dit que les spectres nocturnes viennent s'assembler à certaines heures de la nuit ?... Hélas ! hélas ! n'est-il pas probable que, trop tôt éveillée, au milieu de ces odeurs infectes, de ces cris semblables à ceux de la mandragore[61] qu'on arrache de la terre, et qui font, dit-on, perdre la raison à ceux qui les entendent... Oh ! si je m'éveille, ne pourra-t-il pas arriver que ma tête s'égare, assiégée de ces hideuses terreurs ? Ne puis-je pas dans ma folie aller me jouer avec les restes de mes aïeux, et arracher de son linceul Tybalt tout défiguré; ou, dans cette frénésie, me servir, comme d'un bâton, de quelque os d'un de mes grands-pères pour briser ma cervelle désespérée ?- Oh ! regardez ! Il me semble voir l'ombre de mon cousin chercher Roméo, qui a enfoncé dans son corps la pointe d'une épée.... Arrête, Tybalt, arrête !- Roméo, je viens. Je bois ceci à ta santé.

(Elle se jette sur le lit.)

[Note 61: On attribuait à la mandragore, entre autres propriétés singulières, celle de pousser, lorsqu'on l'arrachait, des cris qui faisaient perdre la raison à ceux qui les entendaient. On prétendait qu'elle croissait sur la fosse des hommes mis à mort pour quelque crime, et qu'elle était le produit de la corruption de leur corps; aussi la regardait-on comme douée de vie.]

SCÈNE IV

Une salle dans la maison de Capulet.

Entrent LA SIGNORA CAPULET et LA NOURRICE.

LA SIGNORA CAPULET.- Nourrice, prenez ces clefs et allez chercher encore des épices.

LA NOURRICE.- Ils demandent des dattes et des coings à l'office.

(Entre Capulet.)

CAPULET.- Allons, levez-vous, levez-vous, levez-vous; le coq a chanté pour la seconde fois; la cloche du couvre-feu a sonné; il est trois heures.- Ayez l'oeil au four, bonne Angélique; qu'on n'épargne rien.

LA NOURRICE.- Et vous, allez, tracassier, allez, allez vous mettre au lit; en vérité, vous serez malade demain pour avoir passé la nuit.

CAPULET.- Non, pas du tout. Bon, j'ai bien veillé d'autres nuits pour moins que cela, et je n'en ai jamais été incommodé.

LA SIGNORA CAPULET.- Oui, vous avez été, de votre temps, un coureur d'aventures[62]; mais je veillerai à ce que vous ne fassiez plus de ces sortes de veillées.

[Note 62: *A mouse hunt* (un chasseur de souris).]

CAPULET.- Jalouse ! jalouse ! (_Entrent des domestiques avec des broches, du bois, des corbeilles._) Qu'est-ce que c'est que tout cela, mon ami ?

PREMIER DOMESTIQUE.- Ce sont des affaires pour le cuisinier, seigneur, mais je ne sais pas ce que c'est.

CAPULET.- Dépêche-toi, dépêche-toi. (_Le domestique

sort.) Toi, apporte des fagots plus secs; appelle Pierre, et il te dira où ils sont.

LE DOMESTIQUE.- Ah ! j'ai dans ma tête, seigneur, des fagots tout trouvés, sans déranger Pierre pour cela.

(Il sort.)

CAPULET.- Par la messe, c'est bien dit; tu es un joyeux compère[63] ! Ah ! je te fagoterai.- Par ma foi ! voilà le jour. Le comte ne tardera pas à venir ici avec la musique; il me l'a dit. (*On entend des instruments.*) Mais je l'entends qui s'approche.- Nourrice ! ma femme ! allons. Eh bien, nourrice ! Allons, dis-je. (*Entre la nourrice.*) Allez éveiller Juliette; allez, habillez-la: je vais, moi, causer avec Pâris.... Allons, dépêchez-vous, dépêchez-vous; voilà le marié déjà arrivé: dépêchez-vous, vous-dis-je.

(Ils sortent.)

[Note 63:

SERVANT. _I have a head, sir, that will find out logs And never trouble Peter for the matter_.

CAPULET. _'Mass, and well said; a merry whoreson ! ha ! Thou shalt be logger-head._

Logs et *Logger-head* (bûches, têtes de bois). Il a fallu trouver un équivalent.]

SCÈNE V

La chambre de Juliette.- Juliette est sur son lit.

Entre LA NOURRICE.

LA NOURRICE.- Ma maîtresse ! allons, ma maîtresse ! Juliette !... Ma foi, pour elle, elle dort profondément.- Eh bien ! mon agneau; eh bien, madame ! Fi ! paresseuse ! Allons, mon amour, levez-vous, dis-je. Madame ! mon cher coeur, allons, madame la mariée...- Quoi, pas le mot ! Vous vous en donnez pour quatre sous maintenant[64], vous dormez pour huit jours; car la nuit prochaine, j'en réponds, le comte Pâris a gagé son repos que vous ne sommeilleriez guère.... Dieu me pardonne (ma foi, *amen*) ! Comme elle dort profondément ! Il faut absolument que je l'éveille.- Madame, madame, madame ! Voulez-vous que le comte vous surprenne au lit[65] ? Vous vous lèveriez bien vite, de frayeur, j'en suis sûre, n'est-ce pas ?... Comment ! tout habillée ! vous n'avez pas quitté votre robe, et vous voilà encore couchée ! il faut absolument que je vous réveille.- Madame, madame, madame !... Hélas ! au secours ! au secours ! ma maîtresse est morte. Oh ! malheureux jour, faut-il que je sois jamais née ! De l'eau-de-vie ! oh ! seigneur ! oh ! madame !

[Note 64: *You take your penny-worths now.*]

[Note 65: Il paraîtrait que l'usage était alors que le marié allât chercher sa fiancée dans son lit, si elle n'avait pas le soin de le prévenir par sa diligence.]

(Entre la signora Capulet.)

LA SIGNORA CAPULET.- Quel bruit fait-on ici !

LA NOURRICE.- O journée lamentable !

LA SIGNORA CAPULET.- Qu'est-ce que c'est ?

LA NOURRICE.- Voyez, voyez. O funeste jour !

LA SIGNORA CAPULET.- O malheureuse, malheureuse que je suis ! Mon enfant, mon unique vie ! Reviens à la vie, rouvre tes yeux ou je mourrai avec toi. Au secours ! au secours ! que tout le monde vienne au secours !

(Entre Capulet.)

CAPULET.- Fi donc ! amenez Juliette, son époux est arrivé.

LA NOURRICE.- Elle est morte, décédée; elle est morte, O jour maudit !

LA SIGNORA CAPULET.- Hélas ! hélas ! elle est morte, elle est morte, elle est morte.

CAPULET.- Ah ! laissez-moi la voir...- Hélas ! elle est déjà froide; son sang est arrêté et ses muscles roides: il y a déjà longtemps que la vie a abandonné ses lèvres. La mort pèse sur elle comme une gelée intempestive sur la plus douce des fleurs de toute la prairie.

LA NOURRICE.- O déplorable jour !

LA SIGNORA CAPULET.- O temps de désastres !

CAPULET.- La mort, qui l'a enlevée pour me faire gémir, enchaîne ma langue et m'ôte la parole.

(Entrent frère Laurence et Pâris, avec les musiciens.)

FRÈRE LAURENCE.- Eh bien ! la mariée est-elle prête à aller à l'église ?

CAPULET.- Elle est prête à y aller, mais pour n'en revenir jamais.- O mon fils, dans la nuit qui précède tes noces, la mort a envahi la couche de ton épouse. Vois, elle est là étendue, cette jeune fleur qu'elle a défleurée;[66] c'est le trépas qui est mon gendre. Le trépas est mon héritier; il a épousé ma fille; je mourrai et lui laisserai tout: quand on meurt, tout appartient à la mort.

[Note 66: *Flower as she was, deflowered by him.*]

PARIS.- N'ai-je donc si longtemps désiré de voir le visage de ce jour que pour qu'il m'offrît un pareil spectacle !

LA SIGNORA CAPULET.- O jour malheureux et maudit ! jour de misère, jour odieux ! O heure la plus déplorable que le temps ait jamais rencontré dans les travaux éternels de son pèlerinage ! N'avoir qu'une seule, une pauvre et seule enfant qui m'aimait, mon unique joie, ma seule consolation; et la cruelle mort la ravit à ma vue !

LA NOURRICE.- O malheur ! O malheureux, malheureux, malheureux jour ! jour lamentable ! le plus malheureux que j'aie jamais encore vu ! O jour ! O jour ! jour, jour odieux ! Jamais on n'a vu un jour si cruel que celui-ci. O malheureux jour ! ô malheureux jour !

PARIS.- Trompé, divorcé, outragé, déchiré, assassiné par toi, ô détestable mort ! par toi, toi, cruelle, perdu sans ressource. O amours, ô vie ! non plus la vie, mais l'amour dans la mort.

CAPULET.- Avili, désespéré, haï, martyrisé, tué ! O heure de désolation, pourquoi es-tu venue frapper de mort, de mort, notre fête solennelle ? O mon enfant, mon enfant ! mon âme et non plus mon enfant..... te voilà morte, morte ! Hélas ! mon enfant est morte, et avec mon enfant sont ensevelies toutes mes joies.

FRÈRE LAURENCE.- Paix, silence ! n'avez-vous pas de honte ? Le remède au désespoir n'est pas dans le désespoir.- Le ciel et vous aviez une part dans cette belle enfant: maintenant le ciel la possède tout entière, et ce n'en est que mieux pour elle. Vous ne pouviez sauver de la mort cette part qui en elle vous appartenait, mais le ciel garde sa part dans la vie éternelle. Le comble de vos voeux était son bonheur; c'était votre paradis de la voir s'élever; et maintenant pleurerez-vous en la voyant élevée au-dessus des nuages, à la hauteur du ciel même ! Oh ! dans votre amour vous savez si mal aimer votre enfant, que vous voilà hors de sens de la voir heureuse. Ce n'est pas la mieux mariée celle qui vit longtemps mariée; la mieux mariée est celle qui meurt mariée jeune. Séchez vos larmes; attachez vos branches de romarin sur ce beau cadavre, et, suivant l'usage, portez-la à l'église parée de ses plus brillants atours. Bien que les tendres faiblesses de la nature nous contraignent tous à nous plaindre, les larmes de la nature excitent le sourire de la raison.

CAPULET.- Tout ce que nous avions préparé pour une fête change d'objet et va servir à de sombres funérailles, nos instruments seront des cloches lugubres; le festin des noces va devenir un triste banquet funéraire; à nos hymnes solennels seront substitués des chants funèbres; et ces bouquets de noces vont servir à un cadavre enseveli; toute chose s'est convertie en la chose contraire.

FRÈRE LAURENCE.- Rentrez, seigneur... et vous, madame, avec lui. Seigneur Pâris, allez. Que chacun se prépare à accompagner ce beau cadavre à son tombeau. Le ciel, pour quelque offense, s'est assombri pour vous: ne l'irritez pas davantage en résistant à sa volonté suprême.

(Sortent Capulet, la signora Capulet, Pâris et le frère Laurence.)

PREMIER MUSICIEN.- Ma foi, nous pouvons serrer nos flûtes et nous en aller.

LA NOURRICE.- Ah ! serrez-les, serrez-les, mes bons et honnêtes amis; car vous voyez que c'est une aventure bien triste.

(Elle sort.)

PREMIER MUSICIEN.- Oui, par ma foi ! il y aurait mieux à faire.

(Entre Pierre)

PIERRE.- O musiciens, musiciens ! _O contentement du coeur, contentement du coeur ![67] Si vous voulez me rendre la vie, jouez Contentement du coeur_.

[Note 67: Heart's ease, air d'une ballade.]

PREMIER MUSICIEN.- Et pourquoi Contentement du coeur ?

PIERRE.- O musiciens, parce que mon coeur joue de lui-même _Mon coeur est plein de tristesse_[68]. Jouez-moi quelque complainte un peu gaie pour me réconforter.

[Note 68: My heart is full of woe, refrain d'une autre ballade.]

SECOND MUSICIEN.- Nous ne vous jouerons pas de complainte; ce n'est pas le moment de jouer.

PIERRE.- Vous ne voulez donc pas ?

SECOND MUSICIEN.- Non.

PIERRE.- Eh bien, je vous en donnerai, moi, et qui sonnera.

PREMIER MUSICIEN.- Qu'est-ce que vous nous donnerez ?

PIERRE.- Pas d'argent, sur ma foi[69], mais une danse. Vous aurez de ma musique.

[Note 69: PETER. _No money on my faith; but the gleek: I will give you the minstrel._

1 MUS. *Then I will give you the serving creature.*

PETER. _Then will I lay the serving creature's dagger on your pate. I will carry no crotchets: I'll *re* you, I'll *fa* you; do you note me._

1 MUS. *An you* re *us, and* fa *us, you note us.*

2 MUS. *Pray you, put up your dagger, and put out your wit.*

PETER. _Then have at you with my wit: I will dry-beat you with an iron wit, and put up my iron dagger_.

Presque toutes les plaisanteries de ce dialogue portent sur des locutions et des manières de parler tellement hors d'usage, que les commentateurs sont fort embarrassés à en rendre raison. Il a fallu chercher des équivalents.]

PREMIER MUSICIEN.- Oh bien ! je vous ferai aller en

mesure, moi.

PIERRE.- Prenez garde que mon poignard ne batte la mesure sur votre tête, et je ne m'arrêterai pas aux paroles, voyez-vous; et si je veux que vous me fassiez une fugue, j'aurais bientôt dit *ut*: mettez cela en note.

PREMIER MUSICIEN.- C'est vous qui donnez la note avec votre *ut*.

SECOND MUSICIEN.- Je vous en prie, mettez votre poignard dans le fourreau et votre esprit en dehors.

PIERRE.- Eh bien ! garde à vous contre mon esprit. Mon esprit a le fil, il va vous percer à jour; ainsi, je puis vous faire grâce du fil de mon poignard. Répondez-moi en hommes de tête:

Quand le chagrin poignant a blessé le coeur Et que l'esprit est accablé d'une douloureuse tristesse, La musique aux sons argentins...

Pourquoi *sons argentins* ? pourquoi *la musique aux sons argentins* ? Qu'en dites-vous, Simon Corde-à-boyau ?

PREMIER MUSICIEN.- Vraiment, c'est que l'argent a un son très-agréable.

PIERRE.- Joli ! Et vous, qu'en dites-vous, Hugues Rebec[70] ?

[Note 70: *Rebec, rebecquin,* nom d'un ancien violon à

trois cordes.]

SECOND MUSICIEN.- Je dis moi, que *sons argentins*, cela veut dire des sons qui nous valent de l'argent.

PIERRE.- Joli aussi !- Et qu'en dites-vous, Jacques Du Son ?

TROISIÈME MUSICIEN.- Ma foi, je ne sais que dire.

PIERRE.- Ah ! pardon; j'oubliais que vous êtes le chanteur.- Eh bien ! je répondrai pour vous. On dit *la musique aux sons argentins*, parce que ce n'est pas ordinairement avec de l'or qu'on paye des gaillards comme vous de leur musique.

La musique aux sons argentins Apporte promptement un remède à leurs maux.

(Il sort en chantant.)

PREMIER MUSICIEN.- Quel malin diable est-ce là ?

SECOND MUSICIEN.- Qu'il s'aille faire pendre. Venez entrons là dedans; nous y attendrons le retour du convoi et nous resterons à dîner.

(Ils sortent.)

FIN DU QUATRIÈME ACTE.

ACTE CINQUIÈME

SCÈNE I

Une rue de Mantoue.

Entre ROMÉO.

ROMÉO.- Si l'oeil du sommeil ne m'a pas trompé par de flatteuses illusions, mes songes m'annoncent prochainement d'heureuses nouvelles. Le maître de ma poitrine siége légèrement sur son trône, et une humeur inaccoutumée m'a, durant toute cette journée, élevé au-dessus de la terre dans des pensées joyeuses. J'ai rêvé que mon épouse arrivait et me trouvait mort (étrange songe, qui laisse à un mort la faculté de penser !) et que ses baisers communiquaient à mes lèvres un tel souffle de vie, que je me suis ranimé et me suis vu empereur. O ciel ! quelle est donc la douceur des jouissances réelles de l'amour, puisque l'ombre de l'amour seulement est si riche de bonheur ? (*Entre Balthasar.*)- Des nouvelles de Vérone !- Eh bien ! Balthasar, ne m'apportes-tu pas des lettres du frère Laurence ? Comment se porte ma Juliette ? Mon père jouit-il d'une bonne santé ? Comment se porte ma Juliette ? C'est cela que je te redemande, car rien ne peut être mal si ma Juliette est bien.

BALTHASAR.- Elle est bien; ainsi rien ne peut être mal... Son corps sommeille dans le tombeau des Capulet, et l'immortelle partie de son être vit avec les anges. Je l'ai vu déposer dans le tombeau de sa famille, et j'ai pris sur-le-champ la poste pour venir vous l'apprendre. Oh ! pardonnez si je vous apporte ces funestes nouvelles, puisque c'est la mission que vous m'aviez laissée, seigneur.

ROMÉO.- En est-il ainsi ?- A présent, astres contraires, je vous défie.- Tu connais ma demeure. Va, procure-moi de l'encre et du papier; arrête des chevaux de poste, je veux partir cette nuit.

BALTHASAR.- Pardonnez-moi, seigneur, mais je ne puis vous laisser seul; vous êtes pâle, et votre air égaré annonce quelque malheur.

ROMÉO.- Allons donc, tu te trompes. Laisse-moi, et fais ce que je t'ordonne.- N'as-tu point de lettres pour moi du frère Laurence ?

BALTHASAR.- Non, mon cher maître.

ROMÉO.- N'importe. Va-t'en, et arrête-moi ces chevaux; je te rejoins à l'instant. (*Balthasar sort.*)- C'est bien, Juliette; je reposerai avec toi cette nuit; occupons-nous d'en trouver les moyens.- O mal, tu es prompt à entrer dans les pensées de l'homme au désespoir ! Je me souviens d'un apothicaire que j'ai remarqué dernièrement ici aux environs, couvert de vêtements déchirés, le regard sombre, et épluchant des simples; son aspect était celui de la maigreur; la misère dévorante l'avait rongé jusqu'aux os. Du plafond de son indigente boutique pendaient une tortue, un crocodile empaillé et d'autres peaux de poissons difformes; et le long de ses rayons des tiroirs vides annonçaient par leurs étiquettes ce qui leur manquait; des pois de terre verte, des vessies et des graines moisies, des restes de ficelle et de vieux pains de roses, étaient clair-semés çà et là pour servir de montre. En voyant sa misère, je me dis à moi-même: Si un homme avait besoin de quelque poison dont la vente fût punie d'une mort certaine à Mantoue, voilà un malheureux coquin qui lui en vendrait. Oh ! cette pensée n'a fait que prévenir mes besoins: il faut que ce misérable m'en vende.- Autant que je m'en souviens, ce doit être ici sa demeure.- Comme c'est aujourd'hui fête, la boutique du pauvre hère est fermée.- Holà, holà, apothicaire !

(Entre l'apothicaire.)

L'APOTHICAIRE.- Qui appelle donc si fort ?

ROMÉO.- Viens ici, mon ami. Je vois que tu es pauvre, tiens, voilà quarante ducats; donne-moi une drachme de poison qui expédie si promptement qu'aussitôt qu'elle se sera répandue dans les veines, celui qui, las de la vie, en aura fait usage tombe mort sur-le-champ, et que son corps perde la respiration avec la même rapidité qu'en met la poudre enflammée à s'échapper des fatales entrailles du canon.

L'APOTHICAIRE.- J'ai de ces poisons mortels, mais la loi de Mantoue punit de mort quiconque en débite.

ROMÉO.- Quoi ! si dénué de tout, si plein de misère, et tu as peur de mourir ! La famine est sur tes joues; le besoin et la souffrance ont peint la mort dans tes yeux; sur ton dos traîne la misère en haillons. Le monde ne t'est point ami, ni la loi du monde; le monde n'a point de loi qui puisse t'enrichir; cesse donc d'être pauvre; enfreins seulement la loi, et prends cet or.

L'APOTHICAIRE.- C'est ma pauvreté et non pas ma volonté qui consent.

ROMÉO.- C'est ta pauvreté que je paye, et non ta volonté.

L'APOTHICAIRE.- Mettez ceci dans un liquide quelconque, celui que vous voudrez; avalez-le, et eussiez-vous la force de vingt hommes ensemble, il vous aura expédié sur-le-champ.

ROMÉO.- Tiens, voilà ton or, poison plus funeste pour la vie des hommes, et qui commet bien plus de meurtres dans ce monde odieux que ces pauvres compositions que tu n'as pas la permission de vendre. C'est moi qui te vends du poison; toi tu ne m'en as pas vendu.- Adieu, achète de quoi manger et te remettre en chair.- Viens, cordial et non pas poison, viens avec moi au tombeau de Juliette: c'est là que tu dois me servir !

(Il sort.)

SCÈNE II

La cellule du frère Laurence.

Entre FRÈRE JEAN.

FRÈRE JEAN.- Saint franciscain, mon frère, holà !

(Entre frère Laurence.)

FRÈRE LAURENCE.- Je crois entendre la voix du frère Jean.- Soyez le bienvenu de Mantoue. Que dit Roméo ? ou bien, s'il a écrit ce qu'il pensait, donnez-moi sa lettre ?

FRÈRE JEAN.- Cherchant pour m'accompagner un frère déchaussé, membre de notre ordre, qui visitait les malades de cette ville, au moment où je le trouvai, les inspecteurs de la cité, soupçonnant que nous étions tous deux entrés dans une maison infectée de la contagion, ont fermé les portes et n'ont jamais voulu nous laisser sortir. Ma course vers Mantoue a été arrêtée là.

FRÈRE LAURENCE.- Qui donc a porté ma lettre à Roméo ?

FRÈRE JEAN.- Je n'ai pu l'envoyer, la voilà. Je n'ai pas même pu trouver de messager qui te la rapportât, tant ils redoutaient la contagion !

FRÈRE LAURENCE.- Funeste circonstance ! Par notre communauté, cette lettre n'était pas indifférente; elle portait un message de la plus grande importance, et ce retard peut être d'un grand danger.- Frère Jean, va me chercher un levier de fer, et me l'apporte promptement dans ma cellule.

FRÈRE JEAN.- Frère, je vais te l'apporter.

(Il sort.)

FRÈRE LAURENCE.- Maintenant il faut que je me rende seul au monument. Dans trois heures la belle Juliette s'éveillera. Elle va me maudire en apprenant que Roméo n'a pas été instruit de ce qui vient d'arriver. Mais j'écrirai de nouveau à Mantoue, et je garderai Juliette dans ma cellule jusqu'à l'arrivée de Roméo.- Pauvre cadavre vivant enfermé dans la tombe d'un mort !

(Il sort.)

SCÈNE III

Un cimetière dans lequel se voit un monument appartenant à la famille des Capulet.

Entre PARIS *et son* PAGE *qui porte une torche et des fleurs.*

PARIS.- Page, donne-moi ton flambeau. Éloigne-toi et te tiens à l'écart.- Non, éteins-le; je ne veux pas être vu. Va te coucher sous ces cyprès, et applique ton oreille contre le sol creusé: les nombreux tombeaux qu'on y a ouverts ont tellement ébranlé sa solidité que personne ne pourra marcher dans le cimetière que tu ne l'entendes: alors, siffle pour m'avertir que tu entends approcher quelqu'un.- Donne-moi ces fleurs; fais ce que je t'ordonne: va.

LE PAGE.- Je suis presque effrayé de rester seul ici dans

ce cimetière, cependant je vais m'y aventurer.

(Il s'éloigne.)

PARIS.- Douce fleur, je sème de fleurs ton lit nuptial. Tombeau chéri, qui renferme dans ton enceinte la plus parfaite image des êtres éternels; belle Juliette, qui habites avec les anges, accepte cette dernière marque d'amour. Vivante, je t'honorai; morte, mes hommages funéraires viennent orner ta tombe. (*Le page siffle.*)- Mon page a fait le signal; quelqu'un approche: quel pied sacrilége erre dans ces lieux pendant la nuit, pour troubler mes tristes fonctions et le culte d'un fidèle amour ? Quoi ! avec un flambeau !- Nuit, couvre-moi un moment de ton voile.

(Il se retire.)

(Entrent Roméo et Balthasar qui le précède avec une torche, une pioche, etc.)

ROMÉO.- Donne-moi cette pioche et ce croc de fer. Prends cette lettre, et demain de bonne heure aie soin de la remettre à mon seigneur et père. Donne-moi la lumière. Sur ta vie, je t'enjoins, quoi que tu puisses entendre ou voir, de rester au loin à l'écart, et de ne pas m'interrompre en ce que je veux faire. Si je descends dans ce lit de la mort, c'est en partie pour contempler encore les traits de ma bien-aimée; mais surtout pour ôter de son doigt insensible un anneau précieux, un anneau dont j'ai besoin pour un usage qui est cher à mon coeur. Ainsi, éloigne-toi; va-t'en.- Si, poussé par quelque inquiétude, tu reviens épier ce que je veux faire ensuite, par le ciel, je te déchirerai morceau par morceau, et je joncherai de tes membres ce cimetière affamé. La circonstance, mes projets sont sauvages et farouches, plus terribles, plus inexorables que les tigres à jeun ou la mer en furie.

BALTHASAR.- Je m'en vais, seigneur, et ne vous troublerai point.

ROMÉO.- C'est ainsi que tu me prouveras ton attachement. Prends cela. Vis et sois heureux, honnête serviteur.

BALTHASAR.- Précisément cause de tout cela, je veux me cacher ici à l'entour. Ses regards me font peur, et j'ai mes doutes sur ses intentions.

(Il sort.)

ROMÉO.- Toi, gouffre de mort, ventre détestable assouvi du plus précieux repas que pût offrir la terre, c'est ainsi que je saurai forcer tes mâchoires pourries à s'ouvrir, et que dans ma haine je veux te gorger d'une nouvelle proie.

(Il enfonce la porte du monument.)

PARIS.- C'est cet orgueilleux Montaigu, ce banni, qui a tué le cousin de ma bien-aimée, dont le chagrin, à ce qu'on croit, a causé la mort de la belle Juliette. Il vient ici faire aux cadavres quelque infâme outrage. Je vais l'arrêter. (*Il s'avance.*)- Suspends tes efforts sacriléges, vil

Montaigu: peut-on poursuivre la vengeance au delà de la mort ? Scélérat condamné, je t'arrête: obéis et suis-moi, car il faut que tu meures.

ROMÉO.- Oui, il le faut, et c'est pour cela que je suis ici. Bon et noble jeune homme, ne tente point un homme désespéré; fuis loin d'ici, et laisse-moi. Pense à ceux qui sont là morts, et qui t'effrayent. Je t'en conjure, jeune homme, ne charge point ma tête d'un nouveau péché en me poussant à la fureur. Oh ! va-t'en. Par le ciel, je t'aime plus que moi-même, car c'est contre moi-même que je viens armé dans ce lieu. Ne t'arrête pas ici plus longtemps; va-t'en; vis, et tu diras que la pitié d'un furieux t'a commandé de fuir.

PARIS.- Je défie tes conjurations, et je t'arrête comme tombé en félonie par ton retour.

ROMÉO.- Tu veux donc me provoquer ? Eh bien ! songe à te défendre, jeune homme.

(Ils se battent.)

LE PAGE.- O ciel ! ils se battent. Je vais chercher la garde.

(Il sort.)

PARIS.- Oh ! je suis mort ! (*Il tombe.*) Si tu es capable de pitié, ouvre la tombe; et couche-moi près de Juliette.

ROMÉO.- Sur ma foi, je le ferai.- Il faut que je

contemple ces traits.- Le parent de Mercutio, le noble comte Pâris.- Que m'a dit Balthasar tandis que nous cheminions ensemble ? Mon âme en tumulte ne lui prêtait aucune attention. Il m'a dit, je crois, que Pâris avait dû épouser Juliette. Ne me l'a-t-il pas dit ? ou l'aurais-je rêvé ? ou bien est-ce dans un moment de folie, tandis qu'il me parlait de Juliette, que je l'aurai imaginé ainsi ?- Oh ! donne-moi ta main, toi dont le nom est écrit avec le mien dans le funeste livre du malheur. Je vais t'ensevelir dans un tombeau glorieux. Un tombeau ! Oh ! non, c'est un dôme brillant, jeune homme assassiné, car Juliette y repose, et sa beauté fait de cette voûte un séjour de fête plein de clarté. Mort, sois déposé ici par les mains d'un homme mort. (*Il couche Pâris dans le monument.*)- Combien de fois des hommes, à l'article de la mort, ont eu un rayon de joie ! C'est ce que ceux qui les soignent appellent un éclair avant la mort. Mais comment puis-je appeler ceci un éclair ?- O mon amante, ma femme ! la mort, qui a sucé le miel de ton haleine, n'a pas encore eu de pouvoir sur ta beauté: tu n'es pas vaincue; les couleurs de la beauté brillent encore de tout leur vermillon sur tes lèvres et tes joues, et le pâle étendard de la mort n'en a pas encore pris la place.- Tybalt, es-tu là couché dans ton drap sanglant ? Quelle faveur plus grande puis-je te faire que d'abattre, de la même main qui a moissonné ta jeunesse, la jeunesse de celui qui fut ton ennemi ?- Pardonne-moi, cousin.- O chère Juliette, pourquoi es-tu si belle encore ? Dois-je croire que ce fantôme appelé la Mort est amoureux, et que cet odieux monstre décharné te garde ici dans l'obscurité pour faire de toi sa maîtresse ? De peur qu'il n'en soit ainsi, je resterai toujours avec toi, et ne sortirai plus jamais de ce palais de la sombre nuit. Je demeurerai avec les vers qui sont tes femmes de chambre. Ici je veux établir mon éternel repos, et débarrasser du joug des étoiles funestes cette chair fatiguée du monde. Mes yeux, regardez pour la dernière fois; mes bras, pressez-la pour la dernière fois; et vous, mes lèvres, portes de la respiration, scellez d'un baiser légitime un marché sans terme avec la mort qui possède sans partage.- (*Au poison.*) Viens, amer conducteur, guide rebutant, pilote désespéré; lance maintenant tout d'un coup, sur les rochers qui vont la briser en éclats, ta barque fatiguée du travail de la mer. Voici que je bois à mes amours ! (*Il boit le poison.*)- O fidèle apothicaire, tes remèdes sont actifs.- Avec ce baiser, je meurs.

(Il meurt.)

(Entre dans le cimetière frère Laurence avec une lanterne, un levier et une bêche.)

FRÈRE LAURENCE.- O saint François, sois mon guide. Combien de fois cette nuit mes pieds vieillis ont-ils chancelé, en se heurtant contre des tombeaux !- Qui est là ?

BALTHASAR.- Celui qui est ici est un ami, et un homme qui vous connaît bien.

FRÈRE LAURENCE.- Que la bénédiction repose sur vous.- Dites-moi, mon bon ami, quel est ce flambeau là-bas, qui prête en vain sa lumière à des vers et à des crânes sans yeux ? Il brûle, à ce qu'il me semble, dans le monument des Capulet.

BALTHASAR.- Oui, père vénérable, c'est là qu'il brûle; et dans ce monument est mon maître, un homme que vous aimez.

FRÈRE LAURENCE.- Qui est votre maître ?

BALTHASAR.- Roméo.

FRÈRE LAURENCE.- Y a-t-il longtemps qu'il est là ?

BALTHASAR.- Une grande demi-heure.

FRÈRE LAURENCE.- Entrez avec moi sous la voûte.

BALTHASAR.- Je n'ose, mon père. Mon maître ignore que je n'ai pas quitté ce lieu; et avec un accent terrible il m'a menacé de la mort si je demeurais pour épier ses desseins.

FRÈRE LAURENCE.- Eh bien ! reste donc ici; j'irai seul. La crainte s'empare de moi. Oh ! je crains bien qu'il ne soit arrivé quelque accident funeste.

BALTHASAR.- Comme je dormais sous ce cyprès que vous voyez, j'ai rêvé que mon maître se battait avec un autre homme, et que mon maître l'avait tué.

FRÈRE LAURENCE.- Roméo ! (*Il s'avance.*)- Hélas ! hélas ! quel est ce sang qui souille les pierres de l'entrée du caveau ? Que signifient ces épées sanglantes et sans maîtres, que je vois à terre teintes de sang dans ce séjour de paix ? (*Il entre dans le monument.*)- Roméo ! Oh !

qu'il est pâle !- Et qui encore ? Quoi ! Pâris aussi, baigné dans son sang ! Ah ! quelle heure cruelle est coupable de ce lamentable événement !- Juliette se remue !

(Juliette se réveille et se soulève.)

JULIETTE.- O frère secourable, où est mon seigneur ? Je me rappelle bien où je devais me trouver, et m'y voilà. Où est mon Roméo ?

(Bruit derrière le théâtre.)

FRÈRE LAURENCE.- J'entends du bruit.- Madame, sortez de cet antre de la mort, de la contagion, et d'un sommeil contre nature. Une puissance supérieure à toutes nos résistances a traversé nos desseins. Venez, sortez d'ici; votre époux est là, mort à vos côtés, et Pâris aussi.- Suivez-moi, je vous placerai dans une communauté de saintes religieuses. Ne vous arrêtez pas à me faire des questions: la garde approche; venez, venez, chère Juliette, je n'ose rester plus longtemps ici. (*Il s'éloigne.*)

JULIETTE.- Va, sors d'ici, car je ne veux pas m'en aller.- Qu'est-ce que cela ! Une coupe que serre la main de mon bien-aimé ! C'est le poison, je le vois, qui a terminé sa vie avant le temps.- Quoi ! égoïste ! avoir tout bu, sans m'en laisser une seule goutte amie pour me secourir après toi ! Je veux baiser tes lèvres; peut-être y recueillerai-je quelques restes du poison, suffisants pour me faire mourir au moyen d'un cordial. (_Elle l'embrasse._)- Tes lèvres sont chaudes encore !

PREMIER SOLDAT, *derrière le théâtre.*- Conduis-nous, jeune homme. Par quel chemin ?

JULIETTE.- Oui vraiment, du bruit ? Alors j'aurai bientôt fait. Oh ! bienheureux poignard (*elle saisit le poignard de Roméo*), voici ton fourreau (*elle se frappe*), tu peux t'y rouiller; laisse-moi mourir.

(Elle tombe sur le corps de Roméo et meurt.)

(Entre la garde avec le page de Pâris.)

LE PAGE.- Voilà l'endroit; là, où brûle ce flambeau.

PREMIER SOLDAT.- La terre est ensanglantée. Cherchez autour du cimetière: allez quelques-uns de vous, et qui que vous rencontriez, saisissez-le. (*Sortent quelques soldats.*) Oh ! spectacle pitoyable ! Ici le comte tué, et Juliette sanglante, chaude encore et morte il n'y a qu'un moment, elle qui est enterrée depuis deux jours. Allez instruire le prince; courez chez les Capulet; avertissez les Montaigu. Allez chercher encore quelques autres personnes. (_Sortent les autres soldats._) Nous voyons bien le lieu où se sont accumulés tant de malheurs; mais pour expliquer ce qui a donné lieu[71] à ces malheurs si déplorables, il nous en faut connaître les circonstances.

[Note 71: _We see the ground whereon these woes do lie; but the true ground of all these piteous woes, we cannot, *etc.* Ground_ (lieu, endroit), et *ground* (fondement).]

(Rentrent quelques soldats avec Balthasar.)

SECOND SOLDAT.- Voici le domestique de Roméo, nous l'avons trouvé dans le cimetière.

PREMIER SOLDAT.- Gardez-le en sûreté jusqu'à l'arrivée du prince.

(Un autre soldat arrive avec le frère Laurence.)

TROISIÈME SOLDAT.- Voici un religieux qui tremble, soupire et pleure. Nous lui avons pris cette bêche et ce levier comme il venait de cette partie du cimetière.

PREMIER SOLDAT.- Cela est très-suspect. Retenez aussi ce religieux.

(Entre le prince avec sa suite.)

LE PRINCE.- Quel malheur s'est donc éveillé si matin, qu'il nous oblige avant le jour d'interrompre notre sommeil ?

(Entrent Capulet, sa femme et plusieurs autres personnes.)

CAPULET.- Qui est-ce qui se passe donc qu'on crie ainsi dehors ?

LA SIGNORA CAPULET.- Le peuple crie dans les rues, Roméo ! d'autres, Juliette ! d'autres, Pâris ! et tous courent en poussant des clameurs, vers notre monument.

LE PRINCE.- Quelle est donc cette alarme dont le bruit a frappé nos oreilles ?

PREMIER SOLDAT.- Mon souverain, ici est le comte Pâris tué, et Roméo mort, et Juliette, morte depuis deux jours, qui n'est pas froide encore, et vient d'être tuée.

LE PRINCE.- Regardez, cherchez, et tâchez de découvrir d'où viennent ces meurtres horribles.

PREMIER SOLDAT.- Voici un religieux et le domestique de Roméo qui est là assassiné; ils avaient sur eux des instruments propres à ouvrir la tombe qui renferme ces morts.

CAPULET.- O ciel ! ô ma femme ! voyez comme notre fille est sanglante ! Ce poignard s'est mépris: hélas ! en voilà le fourreau sur le corps de Montaigu; et le fer s'est égaré dans le sein de ma fille.

LA SIGNORA CAPULET.- O malheureuse ! ce spectacle de mort est comme la cloche qui appelle ma vieillesse au tombeau.

(Entre Montaigu.)

LE PRINCE.- Approche, Montaigu. Tu t'es levé de bonne heure pour voir ton fils et ton héritier couché là de meilleure heure encore.

MONTAIGU.- Hélas ! prince, ma femme est morte cette nuit, la douleur de l'exil de mon fils l'a suffoquée. Quels malheurs nouveaux conspirent encore contre ma vieillesse ?

LE PRINCE.- Regarde, et tu verras.

MONTAIGU.- O fils mal-appris, où est le respect de te presser ainsi d'arriver avant ton père au tombeau ?

LE PRINCE.- Ferme pour un moment ta bouche à l'outrage, jusqu'à ce que nous ayons pu éclaircir ces mystères et en découvrir la source, la cause et la marche véritable. Alors je me mets à la tête de vos communes douleurs, et vous conduirai, s'il le faut, à la tombe. En attendant, contenez-vous, et que le malheur subisse le joug de la patience. (_Aux gardes._)- Qu'on amène devant moi tous ceux que l'on soupçonne.

FRÈRE LAURENCE.- Je suis le plus considérable, le moins capable d'action, et cependant, comme le temps et le lieu déposent contre moi, le plus soupçonné de cet horrible meurtre; et je comparais ici pour m'accuser et me justifier, me condamner et m'absoudre.

LE PRINCE.- Alors, dites tout de suite ce que vous savez de ceci.

FRÈRE LAURENCE.- Je serai court, car je n'ai plus l'haleine aussi longue que le serait un ennuyeux récit.- Roméo, que vous voyez mort, était l'époux de Juliette; et cette Juliette, que vous voyez morte, l'épouse fidèle de Roméo. Je les avais mariés, et le jour de leur mariage secret fut le jour fatal de Tybalt, dont la mort prématurée a banni de cette ville le nouvel époux de Juliette. C'était à cause de cela, et non à cause de la mort de Tybalt, que dépérissait Juliette.- Vous, Capulet, pour éloigner le chagrin qui la tenait assiégée, vous l'avez fiancée et vous vouliez la marier de force au comte Pâris. Alors elle vint me trouver, et, les yeux égarés, elle me pressa de trouver les moyens de la garantir de ce second mariage, sans quoi elle allait se tuer dans ma cellule. Alors, usant des secrets de mon art, je lui donnai un breuvage assoupissant qui eût pour effet, comme je me l'étais proposé, de produire en elle les apparences de la mort. Cependant j'écrivis à Roméo de revenir ici dans cette fatale nuit, pour m'aider à la retirer de sa tombe empruntée: c'était le terme où la force du breuvage devait expirer. Mais celui qui portait ma lettre, le frère Jean, a été retenu par un accident, et me l'a rendue hier au soir: alors tout seul, à l'heure marquée pour son réveil, je suis venu dans l'intention de la tirer du tombeau de sa famille, et de la tenir cachée dans ma cellule jusqu'à ce que j'eusse une occasion favorable d'envoyer vers Roméo. Mais à mon arrivée ici, qui a précédé de quelques moments celui où elle s'est réveillée, j'y ai trouvé le noble Pâris couché avant le temps, et le fidèle Roméo mort. Elle s'éveille, et je la pressais de sortir, et de supporter avec patience cette oeuvre du ciel; mais en cet instant un bruit est venu m'effrayer et m'écarter du tombeau: elle, livrée au désespoir, n'a pas voulu me suivre, et, selon toute apparence, elle a elle-même attenté à ses jours. C'est là tout ce que je sais: sa nourrice est instruite de son mariage. Si dans tout ceci il est arrivé quelque malheur par ma faute, que ma vieille existence soit, quelques heures avant le temps, sacrifiée à la rigueur des lois les plus sévères.

LE PRINCE.- Nous t'avons toujours connu pour un saint homme. Où est le domestique de Roméo ? Qu'a-t-il à nous apprendre là-dessus ?

BALTHASAR.- Je portai à mon maître la nouvelle de la mort de Juliette. Aussitôt il partit de Mantoue en poste pour venir à ce lieu même, à ce monument. Là, il m'ordonna de remettre de bonne heure cette lettre à son père, et, entrant sous cette voûte, me menaça de la mort si je ne m'en allais pas et ne le laissais seul.

LE PRINCE.- Donne-moi la lettre, je veux la lire. Où est le page du comte, qui est allé chercher la garde ? (*Au page.*)- Maraud, que faisait ton maître en ce lieu ?

LE PAGE.- Il y est venu avec des fleurs pour les jeter sur le tombeau de la signora, et il m'a ordonné de me tenir à l'écart: je lui ai obéi. Dans ce moment, un homme avec une torche est venu pour ouvrir le monument; et bientôt après mon maître s'est élancé sur lui l'épée à la main: alors j'ai couru avertir la garde.

LE PRINCE.- Cette lettre confirme le récit du religieux: elle contient le récit de leurs amours, les nouvelles qu'il a reçues de la mort de Juliette: il dit qu'il a acheté du poison d'un pauvre apothicaire, et qu'il est venu à ce monument pour y mourir et reposer auprès de Juliette.- Où sont ces deux ennemis, Capulet, Montaigu ?- Voyez quelle verge s'est étendue sur vos haines. Le ciel a trouvé le moyen de détruire votre bonheur par l'amour; et moi, pour avoir fermé les yeux sur vos querelles, j'ai perdu deux parents. Nous sommes tous punis.

CAPULET.- O mon frère Montaigu, donne-moi ta main; ce sera le douaire de ma fille: je ne peux rien te demander de plus.

MONTAIGU.- Et moi je puis te donner davantage, car je ferai élever sa statue en or pur, et tant que Vérone sera connue sous ce nom, nulle statue n'approchera du prix de celle de la tendre et fidèle Juliette.

CAPULET.- Roméo, aussi riche que son épouse, reposera près d'elle: chétives expiations de nos inimitiés !

LE PRINCE.- L'aurore de ce jour apporte avec elle une sombre paix, et de douleur le soleil a caché son visage. Sortez de ce lieu, et allez vous entretenir de ces tristes aventures. Quelques-uns auront leur pardon, quelques-uns aussi seront punis, car il n'y eut jamais une histoire plus douloureuse que celle de Juliette et de son Roméo.

(Ils sortent.)

FIN